华夏基石管理评论

源于本土实践的管理思想原创基地

华夏基石管理咨询集团 主编

第七十四辑

线上内容平台

中国财富出版社有限公司

图书在版编目（CIP）数据

华夏基石管理评论 . 第七十四辑 / 华夏基石管理咨询集团主编 . -- 北京 : 中国财富出版社有限公司， 2025. 8. -- ISBN 978-7-5047-8466-7

Ⅰ . F272

中国国家版本馆 CIP 数据核字第 20256US148 号

策划编辑 李彩琴　**责任编辑** 李彩琴　**版权编辑** 武　玥

责任印制 尚立业　**责任校对** 孙丽丽　**责任发行** 于　宁

出版发行 中国财富出版社有限公司

社　　址 北京市丰台区南四环西路 188 号 5 区 20 楼　**邮政编码** 100070

电　　话 010-52227588 转 2098（发行部）　010-52227588 转 321（总编室）

010-52227566（24 小时读者服务）　010-52227588 转 305（质检部）

网　　址 http://www.cfpress.com.cn　**排　　版**《华夏基石管理评论》编辑部

经　　销 新华书店　**印　　刷** 北京柏力行彩印有限公司

书　　号 ISBN　978-7-5047-8466-7/F · 3836

开　　本 889mm × 1194mm　1/16　**版　　次** 2025 年 8 月第 1 版

印　　张 9.75　**印　　次** 2025 年 8 月第 1 次印刷

字　　数 145 千字　**定　　价** 88.00 元

2025年第二辑　总第七十四辑

主办

北京华夏基石企业管理咨询有限公司

China Stone Management Consulting Ltd.

网　　址：http://www.chnstone.com.cn

地　　址：中国北京市海淀区海淀大街8号中钢国际广场六层（100080）

咨询与合作：010-62557029

尚老师 13611264887（微信同）

版式设计/书籍订阅：罗　丹

华夏基石管理评论
公众号

CHINA STONE
华夏基石

华夏基石管理咨询集团

China Stone
Management Consulting Group

为中国企业贡献 真方法 · 真方案 · 真落地

彭剑锋

中国人民大学劳动人事学院
教授、博士生导师
华夏基石管理咨询集团董事长

华夏基石领衔专家

施 炜

吴春波

包 政

杨 杜

黄卫伟

孙健敏

管理构筑基石　咨询智启未来

华夏基石管理咨询集团由中国本土管理咨询业开拓者之一、华为“人大六君子”之一、著名管理咨询专家彭剑锋创办。

会聚了近500位毕业自国内外知名学府，既具有扎实的专业理论功底，又有丰富实践操作经验的资深顾问。

50多位知名教授学者、中青年专家组成智库团队。

中国企业联合会管理咨询委员会副主任单位；2015—2020年连续六年入选“中国管理咨询机构50大”名单，并蝉联第一；获得“人才发展服务杰出供应商”“最具满意度的综合性服务机构”“客户信任的管理咨询机构”“中国咨询业十大领导品牌”等多项荣誉称号。

华夏基石基于本土企业标杆案例的八大经典咨询模块

顶层设计与企业文化建设

01.企业文化诊断
02.企业家思想提炼、管理、应用
03.企业文化大纲（企业文化表达系统）
04.价值观评价标准
05.基于价值观的干部人才体系建设方案
06.企业文化释义集（企业文化释义词典）
07.企业文化案例集
……

企业战略与成长管理

01.企业的成长阶段界定与经营问题研究诊断报告
02.行业发展与产业分析研究报告
03.企业的战略规划
04.企业产品创新与新业务发展规划
05.企业商业模式创新与行业案例的对标研究
06.资本运作与产业收购兼并策略与方案设计
07.企业成长问题与成长“瓶颈”诊断分析报告
……

企业变革与组织能力建设

01.基于战略的组织变革方案设计
02.平台化+分布式的组织模式设计
03.基于价值创造的集团管控模式的选择与设计
04.组织结构设计方案
05.企业决策机制与授权体系设计
06.组织责、权、利、能、廉机制设计
07.团队智慧的打造与轮值CEO制度设计
……

战略人力资源体系建设与人力资源机制创新

01.基于战略的人才系统设计方案
02.基于能力的人力资源管理体系设计
03.基于战略的绩效与薪酬激励体系设计
04.员工职业通道与任职资格体系设计
05.企业的职位体系与职位管理设计
06. KPI与平衡计分卡的应用设计
07. OKR设计与应用工作坊
……

事业合伙机制与产业生态构建

01.事业合伙机制顶层结构设计
02.命运共同体（一级合伙人）事业合伙机制构建方案
03.事业共同体（二级合伙人）事业合伙机制构建方案
04.利益共同体（三级合伙人）事业合伙机制构建方案
05.产业链属地事业合伙人模式设计
06.供应商事业合伙人模式设计
07.渠道事业合伙人模式设计
……

集团管控

01.集团战略转型与系统变革方案
02.优化高效的、分层分类的集团化公司治理体系设计
03.集团领导体制与决策机制设计
04.集团化管控模式选择与混合式管控模式设计
05.总部专业职能的角色定位、专业能力建设与价值创造方式
……

营销创新

01. 营销诊断及模式设计
02. “1+N”全渠道模式升级
03. 精准化营销策略
04. 品牌IP化设计
05. “顾客经营”营销模式导入
06. 营销组织平台升级
07. 营销队伍建设
……

阿米巴经营：平台赋能型自主经营体

01.阿米巴经营深度调研分析报告
02.阿米巴经营组织划分报告
03.阿米巴经营组织运行规则手册
04.巴长竞聘机制
05.巴长工程
06.阿米巴经营分权表
07.阿米巴经营核算科目表
……

我们的荣誉

中国人力资源开发研究会
第六届理事会
先进单位会员
单位名称：北京华夏基石管理咨询集团
颁发日期：2023年10月

2023年，华夏基石荣获中国人力资源开发研究会颁发**“先进单位会员”**奖

证 书
北京华夏基石企业管理咨询有限公司：
贵公司申报的“基于BLM模型的战略解码”入选“2023年度管理咨询经典工具”，特发此证。

2023年，华夏基石荣获中国企业联合会管理咨询委员会颁发**“2023年度管理咨询经典工具”**奖

2021年，华夏基石入选**“2021年中国管理咨询优秀案例”**奖

2021年，华夏基石荣获**“《全国企业管理咨询机构推荐名录（第五批）》”**证书

2020年，华夏基石经专家委员会审定，入围**“2020中国管理咨询机构50大榜单”**

2020年，华夏基石当选北京信息化和工业化融合服务联盟**“智慧管理专委会联席会长单位”**

2015—2020年，华夏基石连续六年入选中国企业联合会发布的**“中国管理咨询机构 50大”**名单，并蝉联第一

我们的荣誉

华夏基石荣获中国人力资源开发研究会颁发的**"2018—2019年度先进会员单位"**奖

华夏基石荣获中国人力资源开发研究会颁发的**"2016年度中国企业人力资源开发与管理杰出服务商"**奖

华夏基石荣获中国人力资源开发研究会颁发的**"2014年度中国人力资源开发与管理最优服务商"**奖

华夏基石荣获中国人力资源开发研究会颁发的**"2013年度最具满意度的综合性服务机构"**奖

2013年，华夏基石荣获中国企业联合会管理咨询委员会颁发的**"2013年中国管理咨询优秀案例一等奖"**

2016—2018年，华夏基石连续三年荣获ICMCI（国际管理咨询协会理事会）颁发的年度**"君士坦丁奖"**

2016年，华夏基石荣获中国人力资源开发研究会颁发的**"2016年度人才发展服务杰出供应商"**奖

2011年，华夏基石荣获厦门市经济管理咨询协会颁发**"2011中国最具市场价值的十大管理咨询机构"**奖

2009年，华夏基石荣获中国企业联合会管理咨询委员会颁发的**"中国管理咨询机构20佳"**奖

华夏基石荣获第二届中国品牌节组委会颁发的**"2007—2008年度中国咨询业十大领导品牌"**奖

华夏基石荣获中国企业评价协会颁发的**"2006—2007年第二届中国人力资源管理大奖服务金奖"**

2007年，华夏基石荣获中国企业联合会管理咨询委员会颁发的**"客户信任的管理咨询机构"**奖

携手同行　共创辉煌

目录 CONTENTS

专题

CHINA STONE

我认为，“十五五”时期战略规划还是要回归到企业的价值观和底层逻辑中进行思考。就像郭伟所强调的，我们要基于长期价值主义和企业新的核心竞争力来思考未来企业的成长和发展。因此，华夏基石一直主张以四大价值观引领未来的战略发展和成长。

——彭剑锋

以新思维、新思路打开“十五五”新局面，实现新增长

管理讲读堂 “3+1论坛”

华夏基石专家寄语“十五五”

回到原点，放飞思维，创新方法，面向未来。

——郭　伟

大胆假设，小心求证，跃迁成长。

——朱海波

我认为还是认知与思维革命，走出经验曲线，从连线性曲线到非连线性曲线，坚定对未来的信心，保持方向大致正确，组织始终充满活力、战斗力。

——彭剑锋

主 持

尚艳玲

《华夏基石管理评论》执行总编，企业文化研究及著作咨询顾问，高级合伙人

尚艳玲：从 1953 年第一个五年计划开始实施起，每一个五年规划（计划）都像一座闪耀的灯塔，指引着国家前行的方向。2025 年是一个承前启后的关键节点，站在历史的新起点，在“百年未有之大变局”的背景下，“十五五”规划，**它将指明在未来的五年，新的“增长基”**（“增长基”是华夏基石提出来的概念，是“增长基础”的简称，包括但不限于增长点、增长模型以及业务布局、商业模式、资源获取与能力提升、管理匹配等基础建设。也包括了“增长极”的概念，以下不另作解释）**到底在哪里，怎样开辟新的发展与繁荣之道**。今天我们请到的是华夏基石集团董事长彭剑锋教授，华夏基石首席专家、副总裁郭伟老师、朱海波老师，为大家详解“十五五”规划的新特点、新“增长基”、新思路与新方法。

首先请郭伟老师介绍一下“十五五”规划有哪些新特点。

一、“十五五”，五年规划（计划）的一个全新起点

郭伟：一提到“十五五”，大家想到的是规划，其实我们的重点不是想谈“十五五”规划，而是“十五五”规划时期企业可以通过哪些方式和方法来打造新“增长基”的问题。

既然是强调“新”，那在这之前的五年规划（计划）有哪些特点？回顾历史，我们总结出从“一五”到“十四五”总体体现出以下五个特点。

第一个特点是长期主义。

第二个特点是目标性和方向性。每个五年规划（计划）的目标性和方向性都非常明确。

第三个特点是全面性。我们可以看到，从“一五”计划到“五五”计划是国民经济发展计划，而从“六五”计划到“十五”计划是国民经济和社会发展计划，加入了“社会发展”。

国家的全面性规划（计划）从经济发展到社会发展，形成了全面性的增长。

第四个特点是可实施性。每个五年规划（计划）在收官之年基本能如期完成。为什么？因为在规划（计划）阶段，就已经把如何实施、如何分布、如何落地分解到每个“作战单元”的子任务中。因此说规划（计划）的过程体现了可实施性。

第五个特点是计划性和灵活性的结合。从“十一五”开始，五年计划更名为五年规划，这一变化体现出两大特点：一是完全遵从市场化机制来实现经济增长和社会发展，也就是宏观调控；二是从计划改为规划，给各“作战单元”的计划性留出了灵活和创新的空间，体现了计划性和灵活性的结合。

从“十五五”开始，我们的五年规划会迈入第四个阶段，将是一个全新的开始。那么，“十五五”时期有哪些新特点呢？具体体现为以下四个方面。

第一个方面是第一次从供给端和需求端同时发力制定统一规划。“十四五”及之前的五年规划（计划）几乎都是从供给端开始的，属于供给侧规划和改革范畴，在“十五五”时期呈现显著变化：不论是低空经济、数字经济，或是智能经济，我们可以看到，有的领域横跨供给和需求两端，形成供需融合的新场景；有的领域则聚焦需求端，致力于开拓新的经济形态、实现新的消费增长、营造新的生活场景。我认为，这可能将深度影响我们未来的业务发展方向。

“十五五”时期如何营造新的消费场景？怎么打造新的消费能力？怎么构建新的消费生态？换个角度来想，消费也是生产力，需求也是生产力。如何迁移需求？可从供给端和需求端同时来进行。

第二个方面是“十五五”规划缺乏参照性，倒逼企业发

挥独创性和创新性。我们可以看到从“一五”后的工业化，到“六五”后的市场化，再到“十一五”后的国际化，我们都有参考的标准，相对来讲有对标的方法、学习的方法、仿照的方法、引进之后超越的方法。我们可以很具象化、形象化地看到未来目标达成之后的样子。

但到了“十五五”规划时期，很多新的场景、新的方向、新的技术、新的供给等方面都没有可参照性。

比如，低空经济将来是什么样子，谁能说得清楚？国外也没有可参照的案例。我们还看不到已构建起来的新的生产和消费的场景。智能经济未来会产生什么？不知道……这个时候就需要发挥各级责任主体的作用，不管是政府也好，企业也好，在规划阶段都应发挥创新性。反过来讲虽然没有太多可参照的，但却给我们留下了可以大胆描画的无限空间。

数智化的技术创新及其所带来的产业发展，以及数智化技术创新和产业所带来的新的生活方式，将是我们从“十五五”规划开始面临的新课题、新场景和新方向。

第三个方面是技术创新。我认为“十五五”规划虽然没有可参照的，但是推动“十五五”规划的增长方式和核心能力已经很明确地被界定出来了，那就是技术创新。

为什么我认为“十五五”规划将会是区别于“十一五”到“十四五”的，迈向一个全新阶段的开始？因为目标不一样，从“十五五”规划开始，一个新的远大目标是什么？是实现数智化。数智化的技术创新及其所带来的产业发展，以及数智化技术创新和产业所带来的新的生活方式，将是我们从“十五五”规划开始面临的新课题、新场景和新方向。

虽然存在不确定性，但“十五五”的发展方向、核心驱动力与实施边界已然明晰，并在创新维度上预留了巨大空间。

第四个方面是系统性和生态化。在“十一五”到“十四五”规划时期，规划基本上是以各级主体作为规划和实施单元起步的。也就是说，规划主体之间的联动效益与相互影响，相对来讲并不是很清晰。**但在“十五五”规划时期，我们会发现这些主体相互影响、相互制衡、相互牵动，你中有我、我中有你。**

例如，低空经济中飞行器的发展取决于“十五五”基础设施建设的规划。基础设施建设的规划又取决于消费场景的规划，一环扣一环，政府的规划跟企业的规划要紧密相连。所以国家的规划、省级的规划、城市的规划、企业的规划要紧密联动，大家相互依存、相互支持。

以往定规划时，我们都是有个大方向，然后自己定自己的。可能在“十五五”规划里我们会前所未有地发现，城市定自己“十五五”规划时除了要看省级的，还要看兄弟城市的；企业定规划时，除了要看自己企业的，还要看政府的、看市场的、看消费端的。

二、“十五五”新“增长基”——跨越“点”的思维，转变为“面”的思维、生态的思维

尚艳玲：刚才郭伟老师讲到“十五五”规划的新特点，并提出“十五五”规划真正迈向了一个全新的阶段。企业界的管理者可能比较关心怎么干，新动能在哪里，新的赛道怎么去开拓，未来的 5 ~ 10 年的战略到底是什么样的。彭老师说过，战略就是动态迭代优化，先开枪再瞄准，方向大致正确，保持组织活力。那大致的方向在哪儿呢？

朱海波老师长期深耕产业经济的研究与咨询服务，对投资领域也是非常熟悉，请您分享一下，“十五五”新“增长基”会在哪里？

朱海波：为什么这次我们谈到“十五五”规划是说新“增长基”，而不是新“增长点”？看起来只是一个字的不同，实际上是因为未来整体的增长一定会脱离并跨越“点”的思维，而转变为“面”的思维，以及生态的思维。

所以说我们考虑“十五五”规划，应该站在“基”的角度去思考。

（一）六个新“增长基”的重点问题

我们要关注几个重点。

第一个重点是科技创新与产业升级。实际上现在中国的发展进入深水区，从目前国民经济增长、人民生活水平增长来讲，都是事关创新的问题。我们应该关注创新会带来产业升级，产业要实现升级又该如何去利用这些科技创新，对既有的行业进行改变和提升的问题。

第二个重点是新质生产力的培育和发展问题。我们关于这方面文章和观点已经有很多，这里就不展开论述了。

第三个重点是数智化转型与智能化的应用问题。我们对于数智化转型实际上也提过很多概念、方法。智能化应用则可以专注于大模型的发展。从 DeepSeek 在各行各业的应用来看未来数智化对各行各业改变和提升的影响。

第四个重点是低碳经济和可持续发展的问题。现在政府工作报告里多次提及如何进行降碳提升的问题。实际上现在大家已经改变了发展观念，认为不能以高能耗去换来所谓的高速发展。

第五个重点是产业链的优化和风险控制与安全韧性的问题。最近政府和一些企业谈事务规划时，反复提及韧性的概念，从长跑的过程来讲，韧性提升非常重要。

第六个重点是进一步深化改革与治理能力建设的问题。治理能力建设无论是从政府的角度，还是从企业的角度，除了规划之外，都要更加关注如何去进行落地实施，这跟治理能力的升级是非常有相关性的。

这是从整个的“增长基”的角度，从方案的角度，从融合的角度，我们要关注的六个重点。

（二）四个新增长领域

此外，还有四个“新”值得关注，即四个新增长领域。

第一，新科技。在当前美国“关税战”的背景下，新科技领域至关重要，如芯片、云计算、人工智能、生物医药等。

第二，新基建。包括能源、水利、交通、环保等领域，需要通过数智化实现升级。

第三，新要素。数据要素将贯穿“十五五”规划及未来可能的“十六五”规划。数据是除劳动力、劳动资本、土地、知识技术之外的新型生产要素。

未来整体的增长一定会脱离并跨越“点”的思维，而转变为“面”的思维，以及生态的思维。

第四，新产业。新能源、新装备、量子技术等，还有与人工智能相关的新产业的发展。

这四个“新”可能成为“十五五”规划时期经济增长的主线。

刚才郭老师提到的，**供给端和需求端如何同时发力的问题令我印象深刻**。实际上，当我们从需求端去看行业时，既有行业分类是否会产生一些改变呢？能否基于需求端重新思考未来的增长呢？

（三）五个新增长空间

从顶层设计来看，“十五五”规划一定要围绕科技创新、提升新质生产力展开。基于这一顶层设计，从重要性、可发展性与未来空间上来讲，我比较关注以下几个方面的新“增长基”。

第一，平台经济。目前很多产品、服务的数据没有纳入统计。对于这点，需从纳入统计的数据和商业逻辑两个维度出发，基于产业推进产业平台建设，促进平台经济发展。

第二，低空经济。在低空技术和产品领域，我国已具有一定的领先性，但在低空经济的应用方面仍有提升空间。2024 年，中央空管委在 6 个城市开展 eVTOL（电动垂直起降飞行器）试点：600 米以下空域授权给地方政府。这会带来更多的发展机遇。

第三，人工智能。聚焦人工智能的使用及其商业应用开发。

第四，数据经济。对数据经济的关注要高于数字经济，因为数据已经成为一个重要的生产要素。

第五，低碳经济。

上述领域是值得重点关注的增长领域。

此外，“十五五”规划还需应对发展的不确定性，要用生态化思维去考虑动态调配的问题，以及强化保障体系对于经济的支撑与创新驱动作用。

三、迈向“十五五”：新思维、新方法

尚艳玲：刚才朱海波老师针对“十五五”新“增长基”的特征与新发展领域，讲出了框架结构和重点，相信大家听完后就清晰多了。从新“增长点”到新“增长基”，一字之差，背后其实是理念与思维的变化。

这些年，彭老师一直在讲，现在是一个进行认知革命和思维创新的时代，可没有认知革命与思维创新，很多时候我

们以为自己在谈一个新东西、新理念，但往往是用旧瓶在装新酒，那我们如何用新瓶去装新酒？请彭老师给我们讲一讲“十五五”时期如何培养新思维、新思路。

彭剑锋：刚才郭伟跟朱海波都谈了各自对“十五五”规划的看法，我觉得“十五五”规划确实进入了全新的发展阶段，全球经济和中国经济都进入了全新的发展阶段，确实需要以新思维、新思路打开局面。

（一）企业家的“三力”与洞见大势

“十五五”时期，不仅中国企业，全球经济都进入了新的战略迷茫期：方向模糊不清，环境变化日益复杂难辨，新生事物难以看清，整体趋势越发错综复杂。在这种情况下，**我认为企业家首先须具备“三力”：一是方向的洞见力，二是强大的心力，三是战略定力。**

但这“三力”的背后，我认为大家要对中国的经济及国家未来的发展要有信心，没有信心一切都没有根基。中国经济发展到今天，尤其是在百年大变局阶段，信心至关重要。

对企业家来讲，还要认清大周期和经济发展大势。从大周期来讲，按照康波理论，当前正处于第五波康波周期的末期与第六波康波周期的初期。一个康波周期是 50~60 年（大周期），20~30 年为中周期，5~15 年是小周期。**过去五年规划的制定或许主要是看小周期，现在我认为要认清大周期，把握大势。**这里的大周期是指由第四次工业革命所推动的第五波（或第六波）康波周期的到来——这波康波周期又会为经济发展带来 50 ~ 60 年的新发展大势与机遇。

另外一个大势就是数智化革命、数字革命所带来的历史性发展机遇。因此，企业家需先认清周期、认清大势，找到企业未来成长的基点与方向。尤其在大周期背景下，大家还是要有坚定的信念（这是我们的心力），拥有远大的追求和梦想、明确的愿景和目标，并保持坚定的战略定力。

（二）唯有依靠创新成长、创新思维才能走出困境

“十五五”时期战略制定和实施的环境高度不确定，企业唯有依靠创新成长、创新思维才能走出困境。一方面，特朗普上台后构建的关税“大坝”具有高度不确定性；另一方面，数智化的加速应用又带来了历史性发展机遇。在此不确定时期，企业仍需努力寻找未来成长的确定性，特别是内在的确定性。

因此，在这么一个更加不确定的时期，战略确实不是坐在房间里面规划出来的，必须深入前沿阵地，从客户价值与客户需求中寻找企业未来的战略“地基”，寻找企业未来的战略基础和战略成功的关键。

因此，我建议企业家在“十五五”时期规划战略绝对不能靠战略部的几个人坐在办公室进行，**战略在某种意义上是打出来的，要在一线试错、迭代**。在思维层面，我赞成要“先开枪再瞄准”，而不是“先瞄准再开枪”。必须认识到，在中美战略竞争的大背景下，经济发展让位于经济安全。从国家角度来讲，过去是优先追求发展速度，现在是把经济安全放在第一位。过去，发展常被视为企业的唯一目标，现在企业家的安全、企业的生存也成为关键目标选项，企业要把“活着”作为企业的最高战略。

（三）回归到企业的价值观和底层逻辑

我认为，“十五五”时期战略规划还是要回归到企业的价值观和底层逻辑中进行思考。就像郭伟所强调的，要基于长期价值主义和企业新的核心竞争力，来思考未来的成长和

发展。因此，华夏基石一直主张以四大价值观引领企业未来的战略发展和成长。

四大价值观：（1）长期价值。从过去的投机短期逐利，转向追求企业的长期价值。（2）从“醉驾”走向“智驾”。从战略来讲，过去凭借企业家精神及企业家的胆略，不断去抓机会，不顾一切去寻求企业的发展、寻求经济的发展，在某种意义上，我们把它称为“醉驾”。“十五五”时期，我认为要从“醉驾”走向“智驾”。（3）产品主义。坚持产品至上，追求打造极致产品。（4）利他主义。坚持创新向善。我认为，以这四大价值观来构建企业思考战略的“基底”，就是要回归底层逻辑来思考企业的战略问题。

（四）用量子重构企业战略思维，从追求连续性成长到追求跃迁成长

数智时代，企业要走出过去的连续性曲线，转向非连续性曲线；要从过去的追求连续性成长，迈向追求跃迁成长。过去大家说经济的发展、企业的发展是没有跃迁这一说的，只有连续性，有多少资源、有多大能力，干多少事。但如今，企业家第一要有足够的想象力；第二要快速行动；第三要挖掘可能，去做不可能；第四要有新的战略思维，创新求成长。

华夏基石一直主张以四大价值观引领企业未来的战略发展和成长。

为什么华夏基石这几年提倡要用量子思维来重构企业的战略思维？

从量子思维来讲，首先要相信相信的力量，要有想象力；其次要回归第一性原理，回归产品的本质、客户价值的本质，

去做爆款，把产品做到极致——企业没有极致的产品、极致的创新是不能突围的。

从战略思维上讲，我们还必须要有生态战略思维。量子思维除了回归第一性原理，还有量子态叠加、量子纠缠、量子跃迁、波粒二象性。这些原理对于指导我们今天的战略思维，确实打开了一扇新“天窗”，拓宽了我们的眼界。量子思维在战略上的体现，我认为就是生态战略思维。

生态战略思维的核心是什么？答案是开放合作、跨界融合、系统整合，形成整体的系统思路。因此，我们需要从过去封闭式的产业价值链走向开放式的产业价值链。过去，企业的战略思维聚焦于打造封闭式产业价值链；未来，则需要开放合作，构建开放式的产业价值链。另外，过去是“画地为牢”，现在要跨界融合——这在“专精特新”企业身上体现得尤为明显。而现在的“专精特新”也不是过去传统意义上的“就把一个零部件做好”。因为企业现在不参与生态、不加入生态、不融合生态，再好的产品也卖不出去，难以融入市场。所以，未来的企业要么去构建生态，要么融入生态，要么超生态。构建生态，我认为像华为、美的、小米、腾讯、阿里，都是生态的构建者。其他企业是融入生态。当然还有一些有核心技术、核心专利的企业，能够把成本做到尽可能低、技术创新做到相当优异，让所有的生态都离不开它，这就是超生态。

从战略要素来讲，要从所有权思维走向使用权思维，内外结合，企业内部的战略要素可以为外部所使用，外部的战略要素要为我所使用，即“不求所有、但求所用”。就像赛力斯跟华为的合作一样，资金可以不是自己的、技术可以不是自己的、人才可以不是自己的，但是通过共同的愿景、共同的目标、共同的机制制度创新，整合产业最优要素，共同打造极致产品。这种“你中有我、我中有你”“不求所有、但求所用”的模式，我觉得属于一种新的战略思维。

（五）供给与需求融合，未来要从四个世界去思考创新

过去企业制定的战略多是从供给端思考，现在则要供给端与需求端同时发力。尤其是产品技术战略要充分考虑新消费场景的变革——特别是现在线上线下融合趋势。未来的消费场景需要从四个世界中思考创新的问题。

一是传统的物理世界，怎么满足人的需求，怎么创新消费产品和创新需求；二是数字孪生世界；三是虚拟世界，未来人的精神生活需求可能占据人的需求的很大一部分，所以要在虚拟世界里创新，产品服务要能满足人对虚拟世界的需求；四是数智融合世界，产品创新、消费场景创新。

不管供给侧结构性改革也好，需求侧改革也好，都要围绕这四个世界进行创新。因此，创新与产业升级成为企业战略最重要的关注点。

因此，我很赞成朱海波所提的要寻求新“增长基”，而不是新“增长点”的这种思维转变。我们过去是叫“点创新”，现在叫系统创新——这种创新不是孤立的，是各要素融合在一起的。从这个角度来讲，中国企业在未来既要做到靠管理实现低成本，又要做到靠创新实现产品的差异化。所以我们的组织也是既大又小，既复杂又简单，既中心化又去中心化。

人才也需要成为复合式人才，需要具备“海陆空”一体化的综合素养，需要成为兼具专业性与经营能力的特殊人才。

“十五五”时期，我们更要进行认知与思维的革命，进行知识的刷新、能力的升维、价值的重构，否则很难走出过去的战略路径依赖，也很难走出经验曲线。我特别赞成马斯克的成功哲学：快速行动、把事情搞砸和吸取教训后再来过。对于企业来说，就是大胆想象，快速行动，挖掘一切可能去做不可能。这是我对所谓的新思维、新方法

的理解。

要强调的是，战略首先就是要增加信心，战略是建立在信心的基础上。如果大家对中国经济没有信心，对中国民营企业未来发展没有信心，对数智时代所带来的历史性发展机遇没有信心，我们就谈不了战略，更不可能谈实现创新成长的战略。因此，我还是认为现在要增加信心。作为企业的高层，一定要对未来的战略达成新的共识。

生态战略思维的核心是什么？答案是开放合作、跨界融合、系统整合，形成整体的系统思路。

郭伟：之所以要制定战略，之所以要制定规划，就是对未来的目标抱有坚定不移、可实现的信心。

彭剑锋：尤其在中美战略竞争时期，我们更需要增加信心，要洞见机会，增加自己的心力。心力就是愿景力、目标力、定力，一旦认准了就死磕。只要我们有战略共识，只要我们能够抓住中国经济转型升级的历史性发展机遇，我认为中国企业一定能够走出困境，一定会有美好的战略性成长。

尚艳玲：是的。彭老师不仅给了我们信心和能量，还给我们指引了方向，开拓了思路。很多在企业做经营管理的朋友也希望我们的专家能给出一些想法或建议。下面请郭老师和朱老师做一下自由讨论。

四、企业如何以创新应对新挑战、新机遇？

（一）定目标：剔除旧思维，拥抱新思维

郭伟：其实谈到新方法，我们要先知道所有规划的起点

是什么。所有的规划都是要以终为始，我们要先知道最终的目标是什么，然后从现在的脚下开始进行规划和计算，最终到达心目当中的彼岸，这是我们战略和规划的基本逻辑。

那么换句话来讲，“十五五”规划也不能免俗。我认为在方法论的创新上，首先定目标跟以往有巨大的差异。刚才朱老师、彭老师都谈到了这个问题。

我的建议是**剔除三种旧思维**。

第一，要剔除线性思维逻辑。“十五五”时期的增长和发展不能再按照以往的线性思维逻辑来定义未来的目标，如果这样做，规划不成功的可能性非常大。因为在既往的技术方法、产业结构和外部环境的基础上构建起来的发展逻辑，在不断变化的外部环境中是行不通的或者效果不好的，所以第一就是要剔除线性思维，重构并重新定义未来的目标。

第二，要剔除大众思维，或者叫作非创新思维。非创新思维怎么理解？创新的真理永远掌握在少数人手里。以往的规划，在定目标、定措施时，经常会集体讨论、大众决策，但现在不可行了。换句话来讲，定目标的方式方法要创新，真正要让真理掌握在少数人手里。

第三，要剔除专家思维。因为这些专家的知识结构和思维是建立在原有的逻辑与研究基础之上的。刚才海波提到了一个非常重要的观点，就是行业的表述。实际上，我们最近一段时期想提一个概念叫重新定义行业。

我们发现以往的行业其定义的维度是从供给端来的，而现在很多公司拿供给端的行业去套，会发现已经套不进去了。腾讯属于什么行业？京东属于什么行业？定位是最关键的。那么如何来进行定位呢？实际上已经开始多维化了。供给端是一个思维，客户需求端也是一个思维，技术创新又是一个思维，所以我们不能单纯地从供给端来进行定义了，而是要多维定义自己的企业。

那么这样看下来，剔除三种旧思维后就是要拥抱什么样的思维，破完了以后还得立啊。把线性思维剔除了，那我怎么定目标？把专家思维剔除了，我听谁的呢？把大众思维剔除了，我怎么做决策？这是不是全部都混沌了？其实刚才彭老师已经把这个答案给出来了。

拥抱三种新思维。

一是原点思维。所有的事项都回到客户需求方，回到价值创造端。什么叫价值？就是对他人有用。那么企业的价值体现在什么地方？就是企业的产品和服务满足客户的需求，这一点是颠扑不破的。

所以刚才彭老师谈到，企业家定战略的时候不能蹲在办公室里，而要走向一线、走向客户，要真正了解客户需求，尤其要深度洞察什么是未来的客户需求，所有的事项都要回到客户导向、回到价值导向、回到产品导向，持续为客户服务、持续创造价值。把这个问题探讨清楚的话，就找到了企业在新时期发展的基点，任凭风吹浪打，我自闲庭信步。

二是跨界思维。最近一段时期我们在跟很多企业家谈“十五五”规划时，他们还是按照原有的逻辑，说自己这个行业里的对标企业有哪些。我们基本上都会回答一句话：“如果按传统划分行业的标准，学习你这个传统行业里的标杆会‘死无葬身之地’。”他们都在焦虑，面临的挑战也更大，因为船大了更不好掉头。

在现行的发展逻辑之下，大企业规模越大，先天的优势、资源越多，能力越强，在非线性逻辑之下越是负担，因为跃迁和变化更难，哪怕企业规划了，真想执行下来也很难。

真正的“十五五”规划的制定，企业要学习的是其他行业的先进经验，而不是去学所谓本行业的标杆。我说的行业不是指重新定义以后的新行业，而是现在传统的旧行业。因此，要讲跨界思维。

新的创新是有规律的。举个例子来讲，大家已经发现数智化的程度，实际上是按照行业的先后次序呈现递进关系的。最早的数智化是在金融领域得到了迅速延伸和应用，然后逐步延伸到制造业，再到服务业。资产规模越大的行业，其数智化的程度和迈入的时间点越晚，实施的彻底性越弱，所以能源行业的数智化程度相对来讲就会在后几年，这是有规律的。

那么回过头来讲，能源行业的数智化学习的标杆是谁？绝对不是能源行业里做得最好的企业。既要看看金融行业发生了什么变化，也要看看制造行业的数智化应用发生了什么变化。

三是创新思维。所谓的创新思维就是刚才我们谈到的，创新思维、创新路径一定掌握在少数人的手里。因此，我们在规划的制定、审核与决策过程中，若要探索新的路径和方法，就要运用创新思维。

所有的事项都要回到客户导向、回到价值导向、回到产品导向，持续为客户服务、持续创造价值。

创新思维是什么样的思维？很简单，第一，容错，要包容各种的可能性，先不去界定是对还是错；第二，快速尝试；第三，快速迭代；第四，掌握节奏，有计划、有步骤地掌握资源的投放。我们要广泛撒网，重点培养，未来的新“增长点”和新“增长基”其实很符合这句话。

寻找新“增长点”的过程当中，需要投放一系列的资源，一旦找到了一个基本的方向，就迅速“all in”（破釜沉舟）。所以企业的战略在时间点上要有延展、有布局，然后在空间点上要有拓展、有逻辑。这就是我们讲的产业新“增长点”业务布局的基本指导思想和基本逻辑。

我想说的核心是：定目标，剔除三种旧思维，拥抱三种新思维。

朱海波：我想补充两种要剔除的思维。

一是要剔除所谓的热点思维。我发觉人容易犯人云亦云的毛病，看到热点之后，不基于自身的能力和资源禀赋，去追热点，不管是对于企业也好，对于政府也好，盲目追热点最后只会“死无葬身之地”。这种机会主义的问题要祛除掉。

二是要剔除规模思维。过去我们总说一定要做大、做多，但其实不见得做多、做大就一定能够做强。实际上我现在也鼓励一些企业，在一个小的夹缝领域做到最强。

然后对于新思维，我想补充两点。

一是生态思维。刚才彭老师也谈到了三个方面：创建生态、融入生态、超生态。企业未来一定要具有生态思维，要把企业发展放在一个整体里边去看。

二是极致思维。企业一定要去寻求自身在哪方面可以做到极致。我其实一直强调压强，同样的力量，如果是分散的就难以穿透，但是在某一方面做到极致的话，就可以去穿透，就可以战胜规模、战胜所有的行业对手。

（二）稳心态：方法上持续迭代，目标上笃定坚守

郭伟：其实刚才讲的是目标方面，接下来讲在方法论方面实际上也是需要有所创新的。

比如，在制定规划的底层逻辑方面，我们最近接触的许多机构和单位态度积极、认真务实、切实推研自身未来的发展规划。但是也有不少主体以交作业的态度和逻辑在做规划，最终的目标仅限于通过评审。

这种现象其实体现出，任何公司或者任何主体都会存在这种状态。同样的一件工具，如果把它作为实现目标和追求的方法时，那么那些原本的桎梏、约束因素都将成为实现梦想的工具和手段。但如果选择迎合、适应这些桎梏，那它们就真的成了桎梏。

企业在做“十五五”规划时，在心态上一定要把它真正当作企业面向未来发展的系统化的思维，而不是一项文稿性的工作，一定要全员参与，群策群力，深度思考，力求共识，让它成为指导企业未来五年发展的真正的指路明灯。

朱海波：其实就是像您说的这样，我觉得任何付出和投入都是能获取回报的。最近一些企业找我去谈“十五五”规划的问题，我建议企业先进行“十四五”期间的回顾，注意发掘企业在“十四五”规划执行中的偏差。我发现很多企业的“十四五”规划落实得不好，正是因为当时是以“交作业”的心态做的“十四五”规划。因此，我想说，企业哪怕交出了“十五五”规划的“作业”，也难以指导企业的实际发展，因为这种“交作业”的方式，根基就不扎实。

郭伟：对，所以刚才彭老师其实也讲到未来的战略规划，企业要能够容错、尝试、快速迭代。换句话来讲，大家不要受“十五五”规划前期的审核、中期的检验、收官之年的验收这些大的机制太多的影响。当然，企业要完成上级检查的任务，但是更多地要把机制真正应用在企业发展的过程当中。

如果上级单位要求两年之后中期检验，那企业就以两年为检验周期，自行建立半年复盘机制，快速进行迭代，这样是不是更有效？五年规划的实施性是历年五年规划里的优点之一，但是也存在刚才提到的执行偏差问题：制定规划的时候高瞻远瞩，但执行规划的时候什么赚钱就干什么，哪有利益就去做哪，这就失去了刚才彭老师讲的战略定力。最终你会发现，越想抓机会，就什么机会都抓不住。

企业还是要坚守本心、坚守本业，在核心能力的基础之上深刻洞察客户需求，在确定目标的基础之上笃定坚守。**方法上持续迭代，目标上笃定坚守。这个时候规划才真正为我所用，它真正的价值才能体现出来。**

尚艳玲：听完老师们的分析，我认为新思维、新方法并不神秘，也不是虚无缥缈的。比如，郭伟老师提到的创新的四个方法，当把创新结构化之后，就会发现它并不是“不可把捉”的，更不只是个口号。

方法上持续迭代，目标上笃定坚守。这个时候规划才真正为我所用，它真正的价值才能体现出来。

首先，就像我们做选择题时用排除法，当不知道什么是正确的时候，先排除不正确的。其次，要去尝试，就像孙波老师曾说的，我们要从过去“被动的成功”到“努力的失败”。当然不是说我们要努力地去失败，而是说在从“醉驾”到“智驾”的过程中勇于尝试，左走走、右走走，小步地去尝试，然后在动态中调整和迭代，一旦发现机会就要压强，把它真正地转变为企业发展的机会。创新不是“一窝蜂”的、盲目的，也不是趴下先观察，更不是躺平等待，而是要有步骤、有节奏地进行创新。

包括刚才朱海波老师讲到的，怎么保持战略定力？要先回到原点，永远地守住我们的客户和价值，还要发现自己、认清自己。越是在不确定的时候，人越会盲目追随别人，这个时候人容易忘记自己的长处和优势在哪里。一旦你避开了自己的长处和优势，代价就非常大了，尤其是在这样一个瞬息万变的时代，等你迈出了这一小步，人家已经跑到了三百米外。

还有就是我觉得保持战略定力，也要回归常识，老老实实地做作业。老师布置作业，学霸是真正把它完成了，把它作为巩固和复习的步骤；非学霸就把它当成明天老师要检查的任务，随便抄抄应付。

郭伟：作业对学霸而言是爱好，对非学霸而言是任务。心态不同就直接导致最后的结果不同。

尚艳玲：是的，短时间内看好像大家都完成了作业，但是从成绩上看却大相径庭。经过老师们的分享，讲了“十五五”规划的新特点、新思维、新方法，我们可以发现：第一，它不神秘；第二，它不是那么难；第三，企业还是要回到定力和经营常理上。越是在不确定的时候，越是要发现自己、认知自己，打造和发挥自己的核心优势。

请两位老师跟直播间的朋友互动一下，回答一下问题。

问答：

朱海波：刚才看到直播间有两位朋友提的问题。一个是问，企业战略规划中如何做产品规划。

实际上不同的行业不太一样，在过去我们建议先做整体的战略规划，再做所谓的分系统的规划。但针对不同的行业来讲，比如产品引领的企业，反而首先要去聚焦产品如何定位，服务哪些客户，怎么把产品做到最佳、做到极致，其他方面跟着产品走。我只是举例解释，企业战略规划和产品规划不是先有鸡还是先有蛋的问题，是根据行业和企业不同动态调整的。

另一个是刚才我看到农信社（农村信用社）的朋友问，农信社如何做“十五五”规划。恰好，我也曾对金融行业做过一些相关研究，实际上还是要回归到国家对于农信社的定位。农信社改制为农商银行，城市信用社改制为城商银行，后续又通过名称去“农”“城”两个字，转型为“地域名＋银行”。**还是要回归本源以及自身的使命**。对于农信社来讲，其实还是要聚焦“三农”。当然这方面也会遇到一些困难。实际上，我们在跟农信社的朋友谈的时候讲到，这是基于服务对象所处的产业链和产业生态进行布局的问题。

郭伟：对，接着朱老师这个话题，不管是哪一家单位，当然既然这个朋友问的是农信社，那我们就说农信社。

第一，就是如何重新定位，如何定位它的价值，它创造的价值到底是什么？

作为金融机构，农信社在“十五五”时期和之前的定位不一样了。原来金融被视为一个产业，从这个角度来讲，金融机构既要盈利，又要扩大规模，还要服务客户。但现在金融的服务属性日益明显，其核心功能在于助力产业成长，推动产业实现更强、更大的发展。如果将金融视为资源配置的服务领域（先不讨论它到底是产业还是非产业），则助力客户成长就成为金融机构的首要价值目标，可以看到价值定位发生了很大的变化。

第二，围绕着价值定位，有变的部分，也有不变的部分。归根到底，变的是金融从满足客户点状需求转向助力成长；不变的是金融系统需实现资源的有效配置，让需求方能够获得合适的资源，而且风控成本是最低的，那这是金融行业颠扑不破的基本原则。

在这样的背景下，风控成本怎么能做到最低？正如海波老师谈到的，从点式金融要走向链式金融，甚至要走向生态金融，要跟其他产业协同，风控成本才会逐步降下来。

单从一家金融机构着手来做规划，怎么做都是做不清楚的。一定要联动，要把机构本身放在客户发展的业务链条中、放在服务客户发展的生态系统中，机构才能真正找到价值所在，而且其风控成本也是最低的。这是制定规划的过程中基本的思维：原点思维、跨界思维、创新思维。刚才讲到创新其实不难，那么创新从哪来？实际上归根结底就是思维的突破和方法论的更新。

注：本文根据直播内容整理，有改动。整理编辑：陈红利、尚艳玲。扫描二维码关注华夏基石管理评论视频号，观看直播内容。

六种方式寻找“十五五”新的增长点

■ 作者 | 郭伟　华夏基石管理咨询集团副总裁、高级合伙人，
首席组织与人力资源专家，香港大学工商管理学博士，
北京大学工商管理硕士

增长是企业永恒不变的主题。2025 年，“十五五”规划已经全面启动，企业又将重新定位，并寻找新的增长点。

与之前十四次“五年规划（计划）”不一样，企业面临的新情景使得寻找新的增长点的难度前所未有地加大。**一是供大于求的大环境**。全行业的供给大于需求，出现了全球性的消费疲软，原有业务不仅难以增长，有的甚至严重衰退。**二是格局僵化的行业状况**。十多年的高速发展，几乎所有行业都呈现出“寡头垄断”的格局，TOP5 占 80% 的市场份额，其余诸多企业争抢剩余的 20%，形成竞争格局相对稳定与“内卷”严重并存的局面。**三是缺乏可参照的企业经验**。以往企业可以参照欧美发达国家，对标行业标杆，全面“抄作业”。然而当前无论是国家、行业还是企业，都达到了一定的高度，内外部面临的问题都前所未有，难以寻找到合适的参照物。

新的增长点从哪里来？“十五五”规划应当怎么做？我们认为，可以从以下六个方面来思考。

挖掘用户需求，寻找新的增长点

用户需求永远是企业增长的源泉！寻找新的增长点，仍

然要回到用户需求上来。

大家都在谈供大于求和消费疲软。我们应该认识到，这些只是短期现象。长远来看，人的欲望永无止境，企业增长的空间自然也是无限存在的。所以说，不是用户需求没有了，只是我们挖掘用户需求的方法不对，不能认识到当前用户真正的需求。

第一，深度链接用户。了解一个人，我们需要主动接触，长期相处，频繁交流，深度交心。为什么面对作为衣食父母的用户，我们反而不这么做了呢？随着企业规模越来越大，组织越来越复杂，企业决策者、业务经营者、产品创新者都不再积极接触用户了。扪心自问，你们每年见过几个真正的用户？与他们交流过多长时间？问过他们多少问题？花费了多少时间思考他们提出的问题？这里说的用户是指真正使用企业产品的人，而不是他们的领导。相比而言，我很欣赏刘强东给京东高管们定的规矩：每月至少送一次外卖，体验一线情景，直接面对用户，深度了解需求。

第二，从价值获得和自我成功的视角分析其需求。仅仅依靠深度链接是不够的，分析用户需求还需要方法论的指导。如何快速了解用户需求呢？这就需要从价值获得和自我成功两个方面来系统分析。ToC 的业务，用户需要的是价值获得。举个例子，我们公司给一家著名洗浴中心做战略规划，一个问题让老板几天几夜没睡着觉，“你们给用户提供了什么价值？”老板回答：“快乐、健康、高端享受。”我们说，其实这并没有标准答案，但每种不同的回答，就意味着企业不同的战略选择、不同的产品组合、不同的绩效要求。ToB 的业务，用户需要的是自我成功。再举个例子，某家汽车配件企业一直坚持低成本战略。我们在做战略规划时请老板回答：“服务的主机厂成功的标准是什么？”老板回答：“是产品的性能、外观、性价比等。”用户成功的标准想清楚了，作为配件企业如何配合用户创新产品的策略与方法也就不言自明了。

第三，建立方法和标准来区分真需求与伪需求。用户的需求是多样的，是典型的“既要，又要，还要”，全都满足是不可能的。这就要求企业能够区分哪些是长期需求，哪些是阶段性需求；哪些是根本性需求，哪些是锦上添花的需求。华为提出判断用户真实需求应坚持十六字方针，“去粗取精，去伪存真，由此及彼，由表及里”，为我们提供了具体的操作方法。比如，个别用户的需求是伪需求，绝大多数用户的需求才是真需求；单次用户需求是伪需求，长期用户需求才是真需求；非关键用户需求是伪需求，关键用户需求才是真需求……每家企业都应建立起用户真需求的信息收集渠道和区分标准，不断丰富迭代，才能真正掌握用户需求。

每家企业都应建立起用户真需求的信息收集渠道和区分标准，不断丰富迭代，才能真正掌握用户需求。

洞察技术与产品趋势，寻找新的增长点

产品是企业满足用户需求的唯一形式。厘清用户需求后，需要思考应当用什么技术、创新什么样的产品来满足用户需求。只有围绕用户真实需求，不断创新产品的企业，才能持续增长。

要做好产品持续创新，不偏离主航道，从而奠定企业持续增长的基础，就必须洞察两大趋势：一是产品趋势，二是技术趋势。

产品趋势来自对产品本质的认知，来自对满足用户需求

的未来产品的洞察。从产品终极价值着手，分析产品满足用户需求的底层逻辑，从而形成对产品趋势的判断，更能帮助我们认清未来，从而提前布局产品，保证持续增长。

我们曾经给一家手机公司做战略规划，就产品趋势达成了一些共识：手机的本质是人类沟通的工具。从信件到电邮，再到手机……人类沟通工具显现出时间延迟不断缩短、沟通内容不断丰富、交互方式越来越便捷等趋势。根据这样的产品趋势，我们再来看马云提出的“空气投影成像技术将替代手机”的观点，和比尔·盖茨提出的“生物技术将人自己变成智能设备”的观点，就很容易形成判断。“空气投影成像”只满足了交互更为便捷的要求，只能是未来产品的一项技术，而“生物技术”如脑机接口则满足了缩短时间延迟、丰富沟通内容和便捷交互方式三项需求。相对而言，比尔·盖茨的判断可能更接近未来。

一些企业分不清什么是技术，什么是产品，内部运营中经常出现“技术驱动”还是“产品驱动”的争论。几乎每个业务流程或环节，都会出现“技术部门响应产品部门需求”还是“产品部门跟随技术部门创新”的问题。有的干脆提出“技术、产品双轮驱动”，其实是回避矛盾，并没有解决问题。

我们认为，**技术与产品是相对的，任何产品都是技术的集成**，而任何技术也都需要体现在产品上才能显现出价值。举个例子，对于某汽车主机厂来说，汽车就是其产品，而动力系统、电控系统等，就是其技术；但对于为这家主机厂提供电控系统的供应商来说，电控系统就是其产品，而构成电控系统的材料就是其技术。技术可以自主研发，也可以拿来主义，这是可以选择的，但产品是必须自主研发生产的。

技术是决定业务模式的根本力量，技术的创新将改变企业满足用户需求的方式方法，重大技术的创新将颠覆整个行业，“让所有的生意都重做一遍”。寻找新的增长点，就需要判断企业所处领域关键技术的发展趋势，结合企业自身的使命愿景，找到自己在未来技术方面的定位。

重新定位，寻找新的增长点

所谓定位，就是要回答企业“用什么产品，以什么方式，为哪些客户，在什么样的场景下，提供什么样的价值”。用户需要的价值很多，企业只能满足其中的一部分。企业的每次重新定位，都是寻找新的增长点的过程。

如何重新定位？可以从三个方面来思考。

一是从点状价值向链式、面式价值重新定位。大多数企业以往的服务是点状的，用户需要资金，企业就提供资金；用户需要产品，企业就提供产品。资金提供了，产品提供了，企业业务就完成了。从来没有考虑用户需要资金是为了什么，需要产品是为了什么；也从来没有考虑用户如何使用资金，如何使用产品；更不会考虑用户拥有了资金和产品后，又会有什么新的需求。用户的需求是永无止境的，企业可以提供的产品也是永无止境的，关键在于能否把握用户升级的需求。一般来说，从单一产品到集成产品，再到解决方案，最终延伸至生产服务，这是用户需求升级的基本规律。围绕用户深度需求重新定位，不断升级产品与服务内容，从而为用户创造链式、面式更为深度、更为综合的价值，将是企业新的增长点。

二是从单维供给端向多维供需结合的重新定位。换句话讲，要从单向的行业向场景化的行业重新定位。我们帮助好多企业编制“十五五”规划，几乎所有的企业都会问，你们有没有服务过我们行业的头部企业？这些头部企业都是如何规划未来的？我们该如何进行学习？我跟他们讲，头部企业做过，但是不建议去学习。因为“十四五”之前，企业的目标是清晰的，增长是线性的，对标学习容易找到方向。自“十五五”开始，政治、技术等外部环境发生了很大变化，不去认清事物的本质而采用简单的对标方式，是容易发生错误的。面对新的不确定时代，企业越大，转变越困难，头部企业可能更难。

再者说，行业划分是自 20 世纪 70 年代开始的，几乎都是从供给端做的划分，其目的是为加强同一领域研究。可以说，这也符合当时那个年代需求远远大于供给的状况。但“十五五”时期我们面临的是全球性产能过剩的问题，供给大于需求，企业不能仅从单一供给端来思考战略问题，而要从供给、需求、场景等创新并满足客户需求的多维度、全链条上，系统思考，重新定位。

企业不能仅从单一供给端来思考战略问题，而要从供给、需求、场景等创新并满足客户需求的多维度、全链条上，系统思考，重新定位。

三是从传统场景到创新场景的重新定位。除了产品外，企业向用户完成交付的场景也很重要。重新思考在哪里、以什么形式创造用户价值，也可能给企业带来全新的战略思考。举例来说，数字化营销就是消费场景改变的大趋势。一方面，几乎所有的消费者都被智能手机加社交软件所覆盖，使企业低成本、精准寻找用户成为可能；另一方面，数字化时代的用户也在逐渐习惯线上交易。如果认清了这一趋势，就可以理解“没有什么是不能在网上卖的”。记得前几年还有汽车、房产等大宗商品不适合线上交易的观点，现在来看就是基于固有观念的偏见。如果能洞察这一趋势，提前思考自己的产品如果实现线上化，那这家企业的战略思考就是超前的。各行各业的场景其实都在改变，关键在于企业能否洞察趋势，提前布局。

加速技术创新，寻找新的增长点

技术创新是最根本的创新。企业要想找到具有持续性的增长点，只有技术创新。然而技术创新既需要方法论，也需要洞悉其内在规律。

第一，技术创新需要聚焦。比亚迪的创新产品很多，刀片电池、手掌钥匙、全栈自研游戏车等等，纷繁复杂。但是如果分析这些产品和技术的逻辑，你会发现都是围绕新能源车的驾驶场景展开的。有了刀片电池，汽车续航能力大大提升；有了手掌钥匙，可以避免找不到车钥匙的尴尬；有了游戏车，车开到一半的时候可以拿着方向盘玩游戏……因为聚焦，所以快速创新成为可能；也因为聚焦，所以市场预期相当好。比亚迪 2024 年年度报告显示，公司 2024 年实现营业收入 7771.02 亿元，归属母公司所有者的净利润 402.54 亿元。截至 2025 年 3 月 24 日收市，比亚迪总市值 1.14 万亿元。

第二，技术创新需要产品化。科大讯飞的技术优势非常明显，语言信息处理技术、语音合成技术等，都是行业内的翘楚。但问题是，产品是什么？录音笔、手写本……到了产品层面，产品过多、过杂，每一个产品赛道优势都不明显。用科大讯飞自己的话说，“覆盖三十里，挖地三厘米”。从这个角度讲，科大讯飞更像一家技术公司。从企业的本质来说，最终要靠产品去满足用户的需求，虽然技术是产品的内核，但产品才是最终满足用户的手段与方法。许多企业都在强调技术创新，这是没错的，但是技术最终要落实在产品上。有的企业甚至提出，宁可技术是集成的，也要做产品领先的公司。加速技术创新是没错的，但一定要明确技术搭载在哪些产品上。

第三，技术创新需要流程化。所谓流程，就是做事的方法。技术创新也一样，也需要流程化、规范化，才能提高速度、精准度和成功率。曾经有个企业家问我，是不是所有企业都要做 IPD（集成产品开发）？我说：“如果你认为 IPD 是一套模式，必须严格遵守与执行，我的回答就是，不是所有企业都要做 IPD。所处场景不一样，产品不一样，用户不一样，哪里有统一的技术创新模式呢。但如果你认为 IPD 只是一种思想体系和方法框架，就像 ISO 9000 一样，那我的回答就是，当然所有的企业都要做 IPD。”只要是技术创新，就有其共同的规律需要遵循。如何提出创意，如何立项，如何规划创新项目，如何过程管理，如何阶段评审，如何验收，如何激励……只有实现技术创新的流程化，才能实现技术创新过程中的有效协同与有效管理。

盘整资源与能力，寻找新的增长点

企业发展这么多年，已经完成了一定积累。积累下来的技术、用户及其他资源，还有已经形成的能力，都是我们寻找增长点必须面对的现状，战略思考就不能脱离现在，完全天马行空地依据外部机会点去思考。

那么，现有的资源与能力究竟是负担还是机会？我们认为，几乎所有成规模的企业，只要创新性地盘整现有资源与能力，都能找到新的增长点。

来看一个案例。有家产业园运营公司，其主要收入来自两部分，一是政府补贴，二是房租。新的增长点在哪里？战略研讨时，我们看到该产业园内有两万多家企业入驻，于是就问，“这些企业有哪些共性需求？公司可以给这些企业提供哪些服务？创造什么价值？”高管们的眼睛马上亮了，讨论也立即热烈起来。有的说，可以统一部署 AI 平台，为园区企业提供共享服务；有的说，可以对接外部专业机构，为园区企业提供经纪服务……还有位高管提出："假设每家企业平均有 5 名高管，就意味着我们拥有 10 万高净值人群，是不是也可以开展 ToC 的服务？"于是讨论更加热烈。

所以说，已经拥有的资源与能力不是负担，而是机会。关键在于能否突破惯性思维，重新盘整，打破对自我的固化认知，重新定位。

再来看一个案例。有家机场公司也在寻找新的增长点。之前都是考虑如何将商业模式引进机场这一特定场景，我们对其进行引导，建议换一种思维：企业能为当地经济发展做哪些贡献？于是发现机场每天进、出港几十万甚至几百万的人流量，进港的是即将在当地消费的，出港的是已经在当地完成消费的。从拉动当地经济的视角看，不就是客户和用户吗？客户需要营销，用户需要推动重复购买或价值传播，而进、出港需要做的安全检查，本身就保证了信息的线上化。于是，诸多创新业务模式就产生了。最简单的方式，可以给进、出港的人群精准推荐当地好吃的、好玩的、好带的，与相应商家分成，也会给公司带来巨大收益。

已经拥有的资源与能力不是负担，而是机会。关键在于能否突破惯性思维，重新盘整，打破对自我的固化认知，重新定位。

随着技术的发展，原本毫无关联的事物也可能产生联系。如何以跨界思维突破常规，重新构建生态，在合作共赢中寻找新的增长点，就显得尤为重要。

提质增效，寻找新的增长点

提质增效是最简单、最容易想到的新的增长点。我们认为，需要清晰以下认知。

第一，提质增效需要逐层加强。第一个层次是运营效能的提升。就是在现有业务模式不发生大的改变的情况下，把效率和效益提升起来。一般来说，包括使用新技术新工具、优化流程、减少组织层级、裁员降薪等方法。现在大部分公司干的是这类事，还是低级的。第二个层次是系统效能的提升。就是构建产业链和产业生态，打通供应端与销售端，通过加强供、产、销信息交互，加强沟通协作，优化满足用户需求模式而提升系统的整体效能。这在汽车、零售等产业链价值巨大，又拥有链主企业的场景下早已实现，丰田模式、沃尔玛模式都是例证。随着信息技术的发展，其他产业链中也在陆续发生这一变化。第三个层次是创新效能提升，就是通过技术和模式的颠覆式创新，重构产品和服务的逻辑，创造性地开创满足用户需求的新手段和新方法。

第二，提质增效需要量化衡量。提质增效需不需要量化衡量？我们的回答是明确的，提质增效必须量化衡量。提质增效的本意就是提高效率，提高资源的使用效率，缺乏量化衡量，谁能保证新的方法究竟是提质增效，还是减质降效呢？管理学界有句名言，凡事不可衡量就不可管理。无法管理，提质增效的意义又在哪里呢？那么，提质增效能否量化衡量？我们的回答也是明确的，提质增效完全可以量化衡量。提质增效的本质是提高组织能力，也就是提高全要素生产率。从全要素生产率到企业各项组织能力，当前量化衡量的手段与方法都已经建立并在不断完善。比如，以前企业衡量技术创新能力，往往只看取得的专利数，这样的衡量方式不足以反映企业真实的技术创新能力。随着企业数字化程度的加深，现在则可以细化到立项、验收通过、新技术在产品中的应用、新技术新产品带来的经济效益等全方位的量化衡量，更贴近企业技术创新能力实际。

第三，提质增效需要持续精进。提质增效是个长期的过程，需要企业“日复一日，年复一年”“全员参与，日拱一卒”，才可能取得实效。那些运动式、阶段式、局部式的动作，往往难以产生大的影响。换句话说，提质增效其实就是企业每天要做的日常工作，是企业的基本功。

“幸福的家庭都是一样的，不幸的家庭各有各的不幸。”企业也是一样，快速增长的企业，什么问题都显得不那么重要；而一旦失去增长，所有问题都会扑面而来，每个问题都有可能关系企业的生死存亡。因此，增长是必需的，寻找新的增长点不仅是“十五五”规划的要求，也是企业生存与发展的要求。希望本文能启发企业思维，为其战略思考提供些许参考。

新时代国企出海的战略抉择与实践路径

——逐浪海外征途，彰显大国担当

■ 作者 | 胡翔 华夏基石产业服务公司高级合伙人

基于地缘政治强烈冲击下的全球经济波动，正在深度重塑当今全球经济格局，国资国企所处的发展环境发生了剧烈变化，正面临着全新的历史挑战与机遇，被赋予了更为关键的职责与使命。随着国内市场竞争的日益激烈以及资源、市场、技术等多方面的考量，国企需要在更广阔的国际舞台上寻找新的发展机遇。这不仅是企业自身发展的需求，更是彰显大国担当、推动全球经济合作的重要举措。

一、海外产业布局战略意义

从国际视角来看，全球经济力量对比正处于持续的动态调整之中。新兴经济体展现出强劲的发展势头，逐步在国际舞台上崭露头角，对传统的全球经济秩序构成了冲击。与此同时，发达经济体在发展进程中遭遇瓶颈，贸易保护主义、单边主义思潮泛起，引发了全球贸易摩擦的加剧，使得国际贸易环境愈发复杂多变。美国的关税政策通过单边提高进口关税试图保护国内产业，却导致消费者价格攀升、中间品企业成本激增及供应链紊乱，同时引发主要贸易伙伴的针对性反制措施，不仅加剧了全球贸易摩擦和多边贸易体系瓦解风险，更推升了美国本土通胀压力并造成政策不确定性的恶性循环。这一系列因素直接导致全球产业链、供应链面临严峻的重构压力，原本相对稳定的分工协作体系被打破。

国内经济历经多年的高速发展，市场竞争愈发白热化。众多行业面临着产能过剩、市场饱和的困境。部分产业市场竞争激烈，产品价格持续走低，企业利润空间不断被压缩。在这种情况下，国企出海能够帮助其突破国内市场的限制，将优质的产品和服务推向全球，寻找新的利润增长点，提升企业的盈利能力和可持续发展能力。同时，我国部分重要资源相对匮乏，对海外资源的依赖度较高。国企出海布局资源产业，能够在一定程度上掌控关键原材料的源头供应。如在非洲、南美洲等地，丰富的矿产资源为我国的制造业等产业提供了重要的原材料保障，降低因国际市场资源价格波动等因素带来的风险，维护国家经济的稳定运行。另外，国外一些地区在特定的技术领域拥有先进的经验和成果。国企通过在海外设立研发中心、与国外科研机构合作等方式，能够接触到前沿的技术理念和研发方法，加速自身的技术创新进程。同时，参与国际竞争也促使国企不断提高自身的管理水平和运营效率，学习借鉴国际先进的企业文化和发展模式，从而全方位提升企业的综合实力，使其在全球产业链中占据更有利的地位。

在此形势下，国资国企作为我国经济稳健运行的坚实保障，必须勇挑重担，充分发挥自身雄厚的资金、技术与人才优势，通过深度融入“一带一路”倡议，积极投身于“走出去”的攻坚与突破当中，为我国产能转移、产业发展和新市场拓展筑牢根基，对冲国家经济安全受到外部冲击的影响。

二、“一带一路”机遇宝藏挖掘

在国资国企“十五五”战略规划编制的蓝图中，深度探寻共建“一带一路”国家潜藏的巨大机遇宝藏，已然成为国企拓展国际市场、铸就全球化布局的核心突破口。伴随“一带一路”倡议向纵深持续迈进，共建国家的市场潜力仿若巨型油藏，亟待国资国企凭借专业卓识与战略睿智精准勘探、高效发掘。

（一）开展共建国家市场潜力深度调研

东南亚地区新兴制造业与消费市场崛起。以越南为例，其制造业近年来呈井喷式发展，在电子硬件产品出口领域表现夺目。据中国商务部网站信息，2024 年越南电子和硬件产品出口额约为 1323.4 亿美元，同比增长 16.78%，众多国际电子巨头纷纷在此设立生产基地。不少国有企业已经借自身成熟工艺与规模优势在早期切入，如某国有电子元件制造商 2024 年在越南投资 5 亿元建设分厂，预计达产后年产能可达 10 亿件，在美国“关税战”爆发之前，既能满足当地三星、富士康等企业的零部件需求，又能借道出口欧美，巧妙地规避了贸易壁垒。

中亚地区能源资源开发与基建需求伴随共生。中亚地区油气资源储量惊人，如哈萨克斯坦已探明石油可采储量 44 亿吨（陆上和里海地区），天然气储量约 3.8 万亿立方米（源于国家国际发展合作署网站数据）。伴随经济复苏，其基础设施建设需求水涨船高。据世界银行预估，未来五年中亚地区交通、能源、通信等基础设施建设资金缺口将高达 1000 亿美元。我国国有能源企业完全可以与当地携手，为我国能源安全做出了实实在在的贡献；同期，我国建筑国企参与哈萨克斯坦公路、铁路项目建设，改善了当地基础设施和交通条件，实现了看得见的互利共赢。

中东欧地区高端制造与技术合作带来新契机。中东欧地区制造业底蕴深厚，在机械制造、汽车零部件、生物医药等领域本身就有很好的技术基础。如匈牙利汽车产业发达，其国内有超过 700 家汽车零部件供应商，为奥迪、宝马等车企配套。我国国企可通过并购、合资等形式，整合双方优势，提升产业层级，借中东欧地缘优势进而辐射欧盟市场，拓展国际合作新版图。

（二）关注政策优惠与项目合作红利捕捉

税收激励政策是降本增效的利器。许多共建“一带一路”国家为吸引外资，纷纷出台税收激励政策。这些优惠政策有助于国企降低海外投资成本，提高产品的竞争力，促进出口业务的增长。巴基斯坦在特定经济特区，对符合条件的投资项目给予 5~10 年企业所得税减免，部分行业还可额外享受进口设备关税豁免。如某国有纺织企业 2022 年入驻巴基斯坦费萨拉巴德工业区，凭借税收优惠，每年节省成本约 300 万元，产品竞争力大增，出口额同比增长 30%。

土地扶持是项目落地的保障。一些国家以优惠地价或长期租赁助力国企海外扎根，如柬埔寨西哈努克港经济特区，为入驻企业提供 50 年土地使用权，地价低至每平方米 5 美元。我国多家国有服装、制鞋企业入驻，产业集聚效应逐渐显现，带动了当地大量的就业机会，实现了双方的共同发展。

税收激励是降本增效的利器。许多共建“一带一路”国家为吸引外资，纷纷出台税收激励政策。

项目协同保障互利共赢。“一带一路”倡议催生了不少系列标志性工程，如中老铁路 2021 年通车后，老挝货物到中国运输时间从 3 天缩短至 1 天，运输成本大大降低。参与建设的国企不仅收获工程收益，还带动国内高铁技术、设备出口，促进了物流、旅游等产业的蓬勃发展，为后续更深层次的合作奠定了坚实的基础。

（三）重视文化差异背景下市场准入攻略

关注发挥语言桥梁搭建作用。在阿拉伯地区，宗教文化、风俗习惯都很独特。企业聘用精通阿拉伯语、深谙伊斯兰文化的商务人才至关重要。某国有工程企业在沙特阿拉伯建设项目中，组建超 20 人的本地化翻译团队，涵盖商务、技术、法务等领域，确保商务谈判、项目实施沟通顺畅，避免因语言文化误解导致合作卡顿，大大提升了沟通效率。

高度重视宗教的尊重和融入。譬如食品企业出口至伊斯兰国家，要严守清真认证标准。某国有食品巨头出口中东的食品生产线单独设立，原料采购、加工工艺严格遵循宗教要求，认证通过率 100%；斋月期间，企业合理调整中东地区员工作息，发放斋月补贴，员工满意度超过 90%，赢得当地员工好感，为市场深耕营造了和谐氛围，可谓是以精细攻略开启“一带一路”市场机遇之门。

三、国企出海战略要精细谋划

国企出海于“十五五”时期迎来全新的机遇浪潮与挑战暗礁，亟须精心雕琢战略布局。基于资源、市场、技术等多元维度深度考量，审慎抉择适配的海外拓展模式，精细擘画国际产能合作重点产业，方能在全球经济沧海中稳健逐浪，提升国际竞争力。

（一）基于资源、市场、技术导向多元布局

坚持资源导向，掌控关键原材料源头。紫金矿业是国有相对控股的混合所有制企业，公司通过股份制改革，实现了国有资本与民营资本的有机结合。紫金矿业在全球范围内拥有丰富的铜、金、锌、锂等矿产资源，这些资源储备不仅为公司的长期发展奠定了坚实基础，也使其在全球矿业市场中具备了强大的话语权。随着全球对新能源矿产资源需求的不断增加，公司在锂矿和钼矿领域的布局为其未来增长提供了重要支撑。例如，仅公司在阿根廷的 3Q 盐湖锂矿项目，预计未来将形成 4 万 ~6 万吨的碳酸锂产能，若结合国内产能，其有望成为全球重要的锂资源供应商之一。

坚持市场导向，贴近终端消费前沿。欧洲作为高端制造业与消费高地，对家电品质要求严苛。某国有家电企业在欧洲的研发中心拥有先进的研发设备和测试设施，旗下300多名海内外研发工程师，与当地科研机构、实验室、研究院合作，吸纳当地技术资源，在产品的本土化研发等方面发挥着重要作用。它们通过“三位一体”的出海战略，即本土化研发、本土化制造、本土化营销，深入了解欧洲不同地区包括东欧的用户需求，开发出符合当地市场的产品，成为中国产品的优秀代言。

坚持技术导向，抢占前沿科技高地。中国有色旗下东方钽业为中国CEPC、欧洲FCC-ee、EXFEL、PIP-Ⅱ等重大科技基础设施项目提供核心材料支撑，与Bruker、Fermilab等全球顶尖科研机构展开深度协作，积极拓展国际大科学合作版图，推动我国从超导材料“供应商”向全球技术“标准制定者”转型，提升了我国在该领域的国际话语权。这些基于资源、市场和技术导向的多元维度布局考量，是我国出海企业的战略精准布局的重要体现。

（二）绿地投资与并购整合等模式并举抉择

开展绿地投资，开拓全新产业版图。绿地投资（Greenfield Investment）是指跨国公司等投资主体在海外目标市场直接投资建立全新的企业或项目，而不是通过并购当地现有企业的方式进行扩张。它是企业海外投资的重要形式之一，在此方式下企业可以根据自身的需求和目标市场的特点，自主设计和规划生产流程、技术应用、产品种类等，打造符合自身战略意图的运营模式，更好地满足当地市场需求。在东南亚建设工业园区过程中，中国国企主导打造产业生态圈已显现出一定的成效。中马钦州产业园自2012年启动，截至2023年12月，固定资产投资287亿元，开发土地20平方公里，签约落户实体项目249个，累计完成外资进出口总额352亿元（源于广西壮族自治区政府网站数据）。涵盖装备制造、电子信息等产业，创造就业岗位，带动当地 GDP 增长，形成产业集聚效应，成为国际产能合作典范。

通过并购整合，斩获关键竞争资源。在国家“一带一路”倡议背景下，伴随着我国在共建“一带一路”国家的金属和矿业投资呈现出显著增长，爆破服务市场巨大的潜力也被发掘出来。广东宏大民爆集团有限公司作为广东环保集团旗下企业，紧跟国家政策，致力于构建全产品线和全产业链的综合布局，积极拓展海外市场，特别将南美市场列为其战略发展重点。2025 年 1 月，宏大民爆集团有限公司在秘鲁利马举行新品牌战略发布会，宣布成功并购秘鲁南方炸药公司（EXSUR），并完成新公司“HONGDA EXSUR”更名仪式。

（三）规划国际产能合作重点领域

装备制造，高铁出海创品牌。中国高铁出海创品牌已形成“技术标准 + 全产业链 + 本土化运营”的立体化格局，成为“一带一路”倡议的标志性成果。截至 2025 年，中国高铁技术已输出至东南亚、欧洲、非洲等 30 余个国家和地区，覆盖印尼雅万高铁、中泰铁路、塞尔维亚匈塞铁路等重点项目。

中国高铁出海创品牌已形成“技术标准 + 全产业链 + 本土化运营”的立体化格局，成为“一带一路”倡议的标志性成果。

能源产业，油气合作保安全。与中东、中亚深化开展能源合作，如中俄东线天然气管道项目于 2019 年通气，年输气能力达 380 亿立方米，保障了我国东北、京津冀地区能源供应。同期，我国能源企业在沙特阿拉伯、阿联酋等国参与油气田地面工程、储运和炼化项目 350 余项（源于人民网数据），实现了能源合作双赢。

轻纺工业，产能转移促共赢。东南亚、非洲劳动力成本优势显著，纺织服装业需求旺盛。某国有纺织企业2023年在孟加拉国投资1亿美元建厂，利用当地廉价劳动力，生产成本降低30%，带动当地就业5000人，产品畅销欧美市场，年出口额达8000万美元，推动当地工业化进程，书写国际产能合作新篇章。

四、筑牢海外风险防范堡垒

在国资国企昂然出海的征程中，筑牢海外风险防范堡垒显得尤为重要。国企要确保海外业务行稳致远，必须直面地缘政治风险、汇率波动、贸易壁垒以及海外合规运营等诸多挑战，构建全方位、多层次的风险防控体系。

（一）预案应对地缘政治风险

实时监测，洞察政局变幻。加沙战争爆发以来，中东地区局势更加波谲云诡，国有企业可设立专业地缘政治风险监测团队，利用卫星遥感资料、社交媒体大数据分析等技术，实时追踪当地政治局势、军事动态、教派冲突。如某国有石油企业在伊拉克项目，通过与国际安保公司合作，搭建情报网络，每日收集分析各类信息，精准评估风险等级，为决策提供依据。

应急响应，守护员工安全。一旦项目所在地风险升级，迅速启动应对预案。在也门战乱期间，我国国企在外交部、驻外使领馆指挥下，24小时内迅速撤离非必要人员。在伊拉克、叙利亚等高风险地区项目，国企聘请专业安保公司，安保人员与员工比例达1:5，配备无人机巡逻、防弹设施，构筑安全防线，确保员工生命安全，争取将损失降至最低。

（二）化解汇率波动、贸易壁垒风险

通过汇率避险，稳定财务根基。汇率波动会冲击跨国企业财务，新兴市场货币汇率如若不稳，国有企业就要巧用金融衍生工具。某国有外贸企业年出口额10亿美元，其中

30% 面向拉美市场，通过与银行签订远期外汇合约、外汇掉期协议，套期保值比例达 80%，有效对冲汇率风险，年利润波动控制在 5% 以内，确保了财务稳健。

中美贸易摩擦以来，引发国际航运市场动荡，中远海运集团作为航运国企积极应对，其调整航线，强化与共建“一带一路”国家的合作，开辟新航线；提升服务，投入船舶技术升级与物流优化；加强联盟合作，携手国际航运巨头。最终捍卫市场权益，集装箱船队规模居世界前列，在全球航运市场的份额保持稳定，展现出了强大的抗风险能力和市场竞争力，保障了全球供应链的稳定运行。

（三）提升海外合规运营管理水平

遵守当地法规，严守红线底线。欧美环保、劳工、数据隐私法规严苛。某国有化工企业在欧洲投资项目，环保投入不仅占总投资 15%，还要确保废气、废水排放优于当地标准 0%；员工管理遵循当地法规，工会参与率达到 80%，薪酬福利合规率 100%。互联网国企出海，依据欧盟《通用数据保护条例》（GDPR），要投入 5000 万元升级数据管理系统，加密存储用户数据，用户数据安全事故发生率要为零，避免巨额罚款与声誉损失，以合规赢尊重，拓海外发展新局。

值得警惕的是，部分发展中国家将 ESG 标准政治化，如以“环境标准”为由排斥中资参与公共项目投标，这需要国企在技术创新的同时，主动参与国际规则制定，如通过“一带一路”绿色发展国际联盟等平台构建差异化的 ESG 话语体系。

五、铸就跨国运营管理优势

在国资国企“十五五”海外拓展的布局中，跨国管理跃升为企业驾驭全球资源、实现协同发展的核心要诀，涵盖国际化人才团队组建与培养、海外子公司本地化管理策略以及全球供应链协同优化方案等关键范畴，需凭智慧破局，铸就跨国运营优势。

（一）国际化人才团队组建与培养

开展全球揽才，汇聚多元精英。不少国家对本地雇员比例和社区参与率的要求，倒逼国企从“技术输出”转向“价值共生”。国有企业需面向全球广纳贤才，通过国际猎头公司猎取高端人才，如某国有金融企业委托全球五大猎头公司，每年引进10余名国际金融专家；在海外高校开展招聘专场，像清华、北大海外校友会组织的招聘活动，吸引新兴市场国家的商务精英、欧美技术骨干加盟。利用专业人才网络平台，如领英（LinkedIn），发布职位信息，筛选优质人才充实团队。

通过精准育才，锻造国际劲旅。人才培养要因地制宜，对派驻海外员工，有的国企出国前开展2个月跨文化培训，涵盖当地语言、商务礼仪、法律法规等课程。也有企业在海外设立培训中心，如某国企在中东地区设立培训中心，年培训当地员工1000余名，结合项目实操，提升技能水平；定期组织国际人才交流，每年选派国内员工赴海外子公司挂职，挑选海外员工回国轮岗，强化知识共享、深化文化融合，打造精通国际业务、能征善战的国际化人才队伍。

（二）海外子公司制定本地化管理策略

面对当今产供链分散化的发展态势和贸易保护主义、经济民族主义思潮盛行，为规避各种地缘政治风险，国企出海布局，宜采取服务当地市场的分散式产能布局，并实施与当地企业或机构合资合作方式，实行产业、管理、人才以及营销和服务体系本土化策略，深度融入当地政商体系，确保风险可控。

聚焦文化融合，扎根异国土壤，尊重当地文化习俗是本地化的起点。文化融合与本土化运营是长期竞争力的核心。在东南亚，某国有建筑企业在产品包装、广告宣传等环节该企业还融入当地泼水节、水灯节图案，品牌亲和力大增，市场认可度在当地提高了 20 个百分点。通过技术转移孵化本地产业链，既规避了文化冲突，又实现了从产品出口到技术、服务、标准综合输出的跃升。

通过人才赋能，激发本地活力。管理团队本地化是关键。某国有车企在印度任用当地高管 10 余名，深入洞察当地消费者对低价、高配置汽车需求，调整营销策略，优化多项产品配置，一年内市场占有率从 5% 提升至 10%。某国有电子企业在越南的供应链，推动本地化协同，优先采购当地零部件，采购比例达 60%，与当地供应商建立了长期合作，降低采购成本 15%、运输风险 20%，既带动了当地产业，又稳固了子公司发展根基，实现了共赢。

（三）全球供应链协同优化方案

数字赋能，驱动协同增效。构建数字化全球供应链管理平台，整合全链条数据。如某国有制造企业平台接入全球 20 个生产基地、500 家供应商、300 家物流商数据，实现信息实时共享。国内总部依据大数据分析，精准预测需求，优化生产计划，库存周转率提升 30%，配送及时率提高 20 个百分点，减少“牛鞭效应”冲击。

弹性应变，保障供应链韧度。物流配送方面可因域施策，欧美市场可选航空、快递物流，新兴市场则用海运、陆运联运。某国有电商企业按以上方案，欧美市场配送时效缩短至 3 天，新兴市场物流成本降低 20%。要建立应急供应链响应机制，面对突发情况，迅速启用备用供应商，调整物流路线，确保全球供应链不断链，提升跨国运营效率与抗风险能力，助力国资国企在国际舞台稳健前行。

综上所述，展望未来，国企出海将在全球产业链重构中扮演更具战略性的角色。随着“一带一路”倡议与区域合作机制的深化，特别是《区域全面经济伙伴关系协定》（RCEP）

全面生效和中国—东盟自贸区 3.0 版的落地，国企在东南亚、中东等新兴市场的基建、能源和数字经济领域将迎来结构性机遇。从“工程承包”到“技术 + 标准输出”的转型，正成为国企突破传统竞争格局的关键路径。绿色能源与数字化将成为出海新引擎，展现出国企在新质生产力领域的全球竞争力。通过“产业 + 贸易 + 数字化” 模式，利用跨境电商和海外仓布局推动传统产品出海，将为传统产业国际化提供可复制的创新范式。

同时，国企出海的风险防控也需从单点应对转向系统性构建。地缘政治博弈的加剧使合规挑战呈现复杂化特征，美国“实体清单”和欧盟《国际采购工具法案》等规则呈武器化趋势，倒逼国企建立“供应链去敏感化 + 金融防火墙 + 法律反制预案”的“三位一体”防御体系。出海企业需超越大国选举周期进行战略预判，尤其关注 2025 年某些大选国的政策连续性。在法律层面，东道国“三重门”（股权比例、本土化用工、环保标准）和土地征收隐性风险，要求国企提前在前端建立《国别法律风险识别手册》，后端在投资协议中嵌入“稳定性条款”。这些都是非常具体而繁杂的工作，需要高度关注。

总之，国企出海已进入“战略纵深期”，机遇与挑战的天平将更多向系统性能力倾斜。唯有将风险意识融入战略决策全链条，通过技术创新构建壁垒、用合规经营赢得信任、以 ESG 实践塑造品牌，方能在全球价值链重构中实现从“参与者”到“引领者” 的跨越。

（原文摘自华夏基石内部资料《国资国企“十五五”发展规划编制白皮书（2025）》）

训战

CHINA STONE

绩效飞轮一定会给予员工激励，不光有物质激励，还有精神激励，把员工的内驱力激活了，把员工的活力激发出来了，绩效管理就会得到正向的结果，就会变成企业增长的加速器。

——李志华

怎样用绩效驱动企业发展，产生绩效飞轮，实现个人与组织的“双赢”？

绩效飞轮怎样才能转动起来

李志华
管理学博士后，华夏基石管理咨询集团副总裁
华夏基石阿米巴创新研究院院长
食品医药研究咨询中心总经理

企业生存的根本是要创造价值，企业能实现持续运作的根本也是创造价值。这个价值是什么？今天基于这样一个命题，我们来进行探讨。在探讨的过程中，我想把企业的一切的根本回归到两个字——绩效。

对于绩效，好多人谈之色变。绩效管理似乎成了许多企业在运作过程中的难题。但是不谈绩效，那企业生存的根本到底是什么？**绩效是一把“双刃剑”，企业在运行过程中，好的绩效体系能够助推其飞速发展，相反，则增加考核成本、降低效率**。

如何让企业有质量地增长是企业一直关注的重点，我们认为，有质量的增长，核心是要让员工有激情，经营企业就是经营人才，也是经营人心和人性，所以我们今天是基于这样的假设来进行探讨。

众所周知，绩效管理要想做好并不容易。就如杰克·韦尔奇所说，**绩效管理是一个世界性的难题**。在进行绩效管理的中国企业中，真正做得好的企业可能不到 10%。

第一，为什么推行绩效管理以后，绩效却没有提升呢？因为以前员工的工作热情来自工作本身，但在推行绩效管理的过程中，员工的回报与工资挂钩。效益好，工资高，效益低，工资低，导致员工奋斗的激情消失。

第二，绩效考核结果好与不好，其中一个关键的指标就是目标制定的高与低。如果目标制定过高，可能完成不好，绩效分数就低，获得的收入就低。如果目标比较低，分数比较高，员工可以轻易获得高绩效，完成任务，获得比较高的收入。这样制定的绩效考核目标导致挑战精神消失。另外，绩效考核过程中，互相之间产生了 PK，团队精神也没有了。

上述情况在企业的运行过程中经常会出现。绩效管理的推行反而导致企业的挑战精神、团队精神消失。

一、学习华为绩效管理进化路线——考核一定要从上层开始

企业应该怎样真正利用绩效驱动自身发展，充分提高企业增长速度，产生绩效飞轮？

（一）考核要从干部考核开始

我先讲一个案例。2024 年，华为的销售收入超 8600 亿元人民币。同时，华为又是一个非常强调绩效文化的企业。华为有几句比较关键的话，比如“上甘岭上出干部”，是指通过攻上上甘岭、打胜仗来选拔干部，也就是说谁业绩最好，谁就最有资源的分配权、发言权。在华为内部，各部门讨论最多的一句话是怎么去“打粮食”、怎么打到“粮食”，**也就是说一切导向是业绩，有业绩就有分配权，**

也就有发言权。

我们从华为的案例来思考一个命题：企业一定要有清晰的导向，即资源分配权与发言权只能给那些业绩好的、优秀的人。

现在很多企业存在一个问题：往往只考核员工，不考核干部。而华为早在 1996 年前后，就开始推行干部考核制度。

前几年我在广东一家有着几十亿元营收规模的公司做咨询时发现，这家公司一直在推行绩效管理、绩效考核，但效果不好。后来得知，这家公司有一个特点，绩效考核仅针对员工，但是对干部的考核要么非常简单，要么缺失，这种做法就是错误的。

华为早期曾推行员工绩效考核末位淘汰制，后来改为干部考核末位淘汰制。

为什么考核要从干部开始？因为如果干部没有考核，仅层层往下考核，效果会大打折扣。

所以华为的考核制度是从干部考核开始的，然后是干部考核 + 员工的工作量化数据，综合评价员工创造的价值。

（二）绩效考核不能只与业绩挂钩

在绩效考核的过程中，很多企业认为绩效考核应该跟员工的工资挂钩，这样其实不科学。我们再来看看华为的做法。

到了 1998 年，华为通过绩效管理体系发现问题、改进问题。改革的原因也关系到绩效管理的三大作用：第一大作用是战略目标的承接；第二大作用是差距分析，就是不断改进绩效；第三大作用是绩效激励体系，包括正激励和负激励。

但很多企业绩效考核只跟激励挂钩，并没有跟改进体系挂钩，导致绩效管理的价值大打折扣。企业关键是要通过绩效管理发现问题、找到差距、不断去改进。绩效管理中一个重要的角色是绩效改进系统，绩效改进往往能产生更大的推动力。

1999 年，华为在绩效评价过程中发现，不仅要对业绩结果进行考核，还要对过程进行考核，因此在考核过程中引入了平衡计分卡。**很多企业在考核收入、利润等基础性指标时，经常会问：结果重要还是过程重要？其实结果和过程都很重要，没有好的过程产生不了结果，光有结果没有过程也不行。**

2002 年，华为对干部的选拔由二维结构发展为三维结构，也就是从德才兼备（品德和业绩）两个维度扩展到品德、业绩和素质。我曾跟大家讲过，我们要看冰山下层的素质即深层的不易察觉的胜任力，这非常关键，选人比用人更重要。

这是华为绩效管理过程中的一些案例。其实，在绩效管理推行过程中也会产生一些问题，我总结出国内企业在绩效管理过程中存在的十大困惑。

二、绩效管理的十大困惑与三个管理层次

（一）绩效管理的十大困惑（见图 1）

我们以问题为导向来理解绩效管理。

1. 战略稀释。企业战略为什么在整个战略设计过程中很难落地？我们需要战略解码、战略承接，并转化为具体行为。那么战略解码、战略承接与行为转化依靠什么？答案是绩效。因此绩效是战略承接中的重要环节。**企业管理过程中，如果没有战略解码和落地举措，绩效管理的效果就会大打折扣。**

2. 职责不清。考核指标缺乏依据。很多企业存在职责不清的问题：某项工作由谁负责，如何考核？比如，场地的现

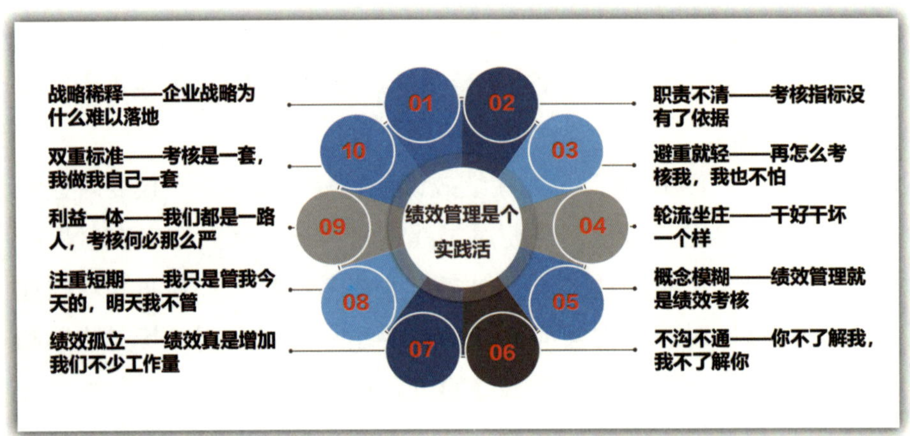

图 1　绩效管理的十大困惑

场管理归属哪个部门？行政部，还是财务部？职责不清，很多企业考核指标设置便失去依据。看似是绩效问题，实则是职责不清的后果。职责梳理是设置考核指标的根本依据。

3. **避重就轻**。有的企业经常会出现这种情况：对需要重点考核但比较难完成的指标，要么不考核，要么考核的权重比较低；而对于比较容易完成的指标则赋予较高权重，使得员工即便被考核也无所畏惧。结果可能是公司亏损比较严重，利润微薄，但员工的绩效分数却不低。

4. **轮流坐庄**。企业中经常会出现“干好与干坏一个样，干多与干少一个样”的情况。例如，某个部门有三个员工 A、B、C，出现这个月 A 评优，下个月 B 评优，再下个月 C 评优的“轮流坐庄”现象，变成了平均主义，最后导致考核效果大打折扣。

5. **概念模糊**。很多人把绩效考核跟绩效管理混为一谈。这其实是不对的，绩效考核只是绩效管理的一部分。在企业中还有绩效计划、绩效沟通与指导、绩效评估、绩效应用等。

6. **不沟不通**。彼此之间缺乏有效沟通。每个月打分时，领导凭印象给员工打分。我之前在一个企业做咨询工作的时候，员工开玩笑说，“每个月考核的前几天千万不要得罪领导。一旦得罪了领导，考核的时候分数肯定很低。”若平时表现一般，但考核前几天和领导搞好关系，分数可能就高了。

7. 绩效孤立。很多企业管理体系与绩效体系脱节。绩效表单和实际管理工具相冲突，最后会产生很多问题。所以**我们要把绩效融入管理，让其真正成为管理工具的一部分。**

8. 注重短期。注重短期是表现为管好今天即可，不顾明天。这导致诸多短期行为，甚至“杀鸡取卵”。如对市场、对企业后备能力的投入不足，造成企业后劲不足，或者在发展过程中提前挖空。所以在国有企业改革中推行三年任期计划，就是为了避免此类短期行为。在绩效管理过程中，我们既要考核月度绩效并及时激励，也要考虑年度绩效，避免短期行为。

9. 利益一体。很多企业不考核部门负责人，只考核员工。考核后，如员工 A 得 80 分，员工 B 得 60 分，员工 C 得 70 分，三个人的平均分 70 分即作为领导的考核分数。这会造成什么结果？领导给下属打分时，会严格执行标准吗？他是否会因为利益一体而放松？还有一些企业，张总分管三个部门，李总分管四个部门。张总比较松，分数都打得比较高。李总比较严格，打的分数比较低。把张总的三个部门和李总的四个部门放在一起对比排名，显然不合理。

10. 双重标准。考核时一套标准，实际操作时另一套标准，仅为应付考核而考核，导致行为扭曲。

以上是绩效管理的十大困惑。**绩效管理的问题不突破，绩效就难以提升。绩效管理的问题不能掩盖，摊开问题才能找到解决思路。绩效管理之所以成为普遍性难题，正是因为每个企业都有其独特的痛点、难点与堵点。**

（二）绩效管理的三大层次

绩效管理的问题和困惑体现在战略、管理、技术三个层面。

一是战略层面。企业的绩效管理跟企业的战略是脱节的。绩效管理是一个有效承接战略、转化战略的载体。很多企业的战略解码没有在绩效管理和战略之间形成衔接。这就导致有时候出现这种现象：各部门分数都挺高，但是企业业绩不好——整个绩效管理与企业的战略没有产生联动。

还有，重结果轻过程的绩效管理是有问题的。在整个过程中，我们要不断强化“过程和结果联动”的绩效理念，形成闭环管理。**企业的绩效要分成企业级绩效、部门级绩效、员工级绩效三个层面。组织绩效与个人绩效要进行联动。**

二是管理层面。绩效管理是人力资源管理的一个模块，本应与其他模块进行有机连接，但很多企业的绩效管理是孤立的，跟其他人力资源管理的模块没有联系。比如，绩效要承接战略，绩效管理就要应用于薪酬、员工培训等模块。

另外，绩效管理流程不清晰、不公开、不透明。大家都不知道每个月考核到底是什么结果，到月底算工资时才知道绩效分数，平时完全不清楚。所以绩效管理流程不清晰、不公开、不透明就是管理问题，绩效管理一定要建立监控、沟通、反馈机制。

三是技术层面。比如，绩效考核的指标设计是否科学、合理——KPI 怎么设？ OKR 怎么定？都要有科学的设计过程。

还有，绩效管理是全体员工的绩效管理，人人都要掌握绩效管理的技术和方法。如果人力资源的绩效考核方法不能支持，员工没有掌握工具和方法，或是绩效管理过程中缺乏运用的技术，都会导致绩效管理出现一些问题。

也就是说，绩效的问题是由战略、管理、技术三个层面共同导致的。

三、构建企业绩效管理的“全景图”

分析完这些问题以后，我们要回答几个关键问题：绩效到底是什么？绩效就是业绩吗？绩效就是结果吗？绩效到底对组织和员工意味着什么？

（一）绩效共识

对组织来讲，绩效就是任务在数量、质量、效率层面的完成情况；对员工来讲，绩效就是上下级共同对工作成果的评估。

我们可以从两个方面来理解绩效——“绩”和“效”。“绩”就是业绩、结果、目标，“效”是关键行为和目标产生的结果。所以说，绩效既是结果又是行为。结果和行为两者之间不能拆开。“绩”更多谈到的是业绩结果、收入，“效”是效率、效益、能效。

通过多年的咨询经验，我们构建了绩效管理的全景图（见图2）。

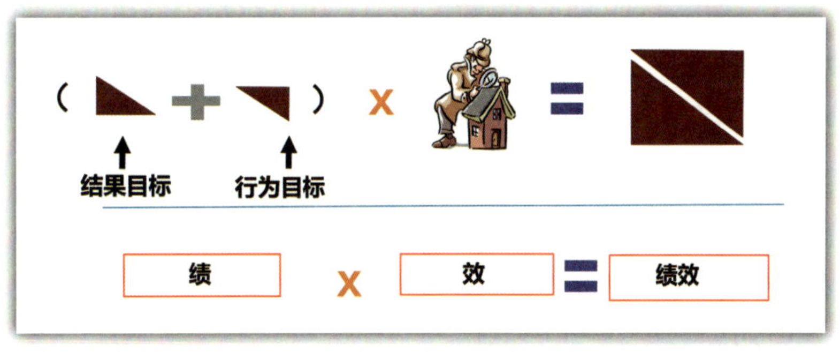

图2　绩效管理全景图

很多企业推行绩效管理的障碍是缺乏绩效文化。如果企业缺乏绩效文化，推行绩效管理就会非常难，而且效果会打折。而构建绩效文化的前提是形成绩效共识——企业一定要明确回答：绩效管理是什么？绩效管理怎么样？为什么要推行绩效管理？

绩效是企业的灵魂，是真正驱动企业增长的核心引擎。任何伟大的企业都是以高绩效为导向，围绕着高质量发展布局的。那么绩效管理是什么？它既是企业战略的承接器，又是管理的推动器。

结合华夏基石多年的咨询经验，我建议从三个层面形成绩效共识。

第一，绩效是一个方向性、指向性的问题，它承接战略，以目标为导向。就是战略要求做什么，绩效承接什么就考核什么，最终就得到什么结果。例如，企业今年若要开拓一个市场，一开始就应重视市场覆盖率考核。当市场覆盖到一定程度时，重视利润，那就考核利润。

第二，通过绩效考核发现问题、查找问题，找到差距，制定绩效改进计划。企业会不断发现问题，不断解决问题，不断精进。那么怎样发现问题呢？就是通过绩效管理发现哪里还有差距，发现哪些问题还需要改进，评价改进后的效果怎样。所以绩效如同“诊断仪器”，可以对整个公司的经营情况做诊断，诊断结果反映出哪些指标是正常的，哪些指标是存在问题的，哪些指标是需要改进的。

第三，绩效激励。绩效激励包含正激励和负激励：员工干得好，能得到更多报酬、职位晋升机会，工作热情得到激发；如果做得不好，则采取惩罚措施，抑制员工的负面行为。

公司要形成绩效共识：**绩效≠绩效考核≠发工资，绩效真正的价值是承接战略方向，解决运行过程中的偏差，在员工工作中采取激励措施。**这是我们提出的绩效共识。

（二）循环绩效

绩效包含绩效计划、绩效辅导、绩效评估、绩效应用。

第一，绩效计划。绩效要与月度计划、半年计划、年度计划相结合，承接关键的指标事项。

第二，绩效辅导。我刚才给大家讲，很多企业忽略了绩效沟通、绩效辅导的环节。一旦省略绩效辅导环节，员工对绩效就会产生很大的厌烦感，满意度就会下降。这是我们通过一些大数据分析得出的结论。

第三，绩效评估。绩效评估是要量化的，用计算公式算出来的，不是靠人为估计的。如果有不能量化的指标，要进行分阶段的量化，不是简单评估就行。一定要记住，**该量化的就要量化，不能量化的要度量化，只有这样才能避免人为量化**。如果全靠主观打分，那么，最后的绩效一定会出问题。

第四，绩效应用。绩效应用有很多方面。比如，通过绩效管理发现员工的能力有哪些不足，那就要进行相应培训、培养、引进；通过绩效管理中暴露出工作有哪些不足，就要改进工作方法、工具等。

当然，不同行业、不同层次、不同级别的人，绩效管理的方法都有一定差别。我在此不过多展开，这部分内容大家感兴趣的话可以详细了解我们的公开课。

（三）指标系统

在绩效管理过程中也有很多工具，如 BSC 工具、平衡计分卡、OKR 管理、KPI 指标、定量指标和定性指标等。

很多企业考核时不痛不痒、避重就轻，就没有意义了。这个避重就轻有两层含义：一是指标选取的避重就轻，这是全局的指标避重就轻。二是指标权重的避重就轻。

（四）应用系统

应用系统刚才也谈得比较多。比如员工到底能不能胜任这个岗位，可以通过绩效结果反映出。哪些能力、哪些方面还有欠缺，通过培训来帮助员工提升。另外，员工在职业晋升发展的过程中，晋升提拔要靠业绩。

（五）保障系统

1. 组织保障。企业要建立一套组织保障体系，才能保证绩效体系能够有效运行。比如，很多企业设立薪酬绩效委员会，或由运营管理部进行组织绩效、人力资源部进行员工绩效、财务部参与绩效数据核算等。

2. 流程保障。比如，什么时间制订绩效计划？月度计划、季度计划从什么时间开始制订？绩效数据收集的不同环节有哪些？数据收集完成后什么时候进行绩效的评估？其间所有流程都需要设计并固化。

3. 信息系统保障。如今，依托信息化、数智化手段获取信息和数据已成为非常重要的环节。数值有没有是一个方面，数值准不准也是一个方面。因此，既要获得数值，更要保证及时准确获取。尽管数智时代的发展和许多软件的创新升级能解决大部分问题，但仍存在挑战。

只有综合理解和思考从绩效共识到绩效指标循环系统，再到绩效应用系统与绩效保障系统这几个方面，才能形成绩效管理的真正价值。

四、以绩效飞轮带来组织和个人的双赢

（一）为什么绩效能够产生“飞轮”效应

为什么绩效能够产生“飞轮”效应，实现组织与个人的共赢？这一点很关键。推行绩效管理的目的是什么？是为了让企业业绩产生增长，而不是为了考核而考核。**在推行绩效管理的过程中，能够激发员工与组织的活力，真正实现企业的目标。**

那么绩效为什么能够产生绩效飞轮，驱动企业实现组织与个人共赢呢？见图 3。

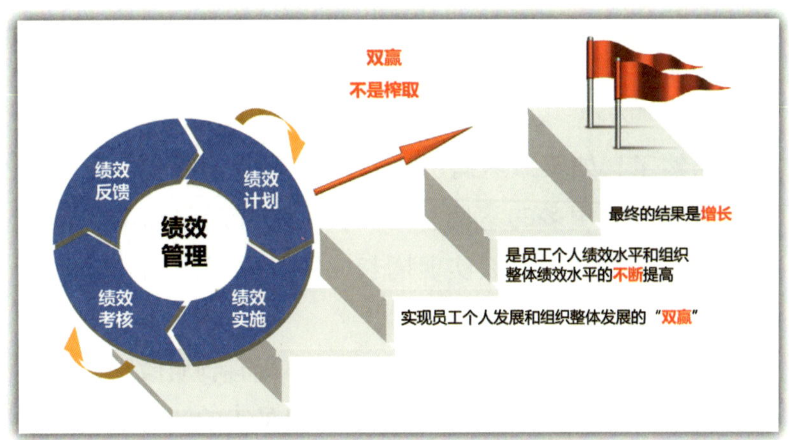

图 3　绩效飞轮实现组织与个人共赢

我举一个例子，十几年前，广西有一家啤酒企业，一年销售量大概是 100 万吨。100 万吨意味着什么呢？意味着这家企业已经进入全国啤酒业前几名，每年产生的利润在 6 亿 ~7 亿元。有一天我跟这家企业的老总进行沟通。我说：“你们一年有约 100 万吨的产量，而当时其他很多工厂的平均产量在 10 万吨，也就是说你们这一家相当于其他十家的规模，是怎么做到的？到底有什么管理秘诀呢？”这位老总说：“跟你说实话，我们公司没有什么秘诀。如果非要说有一个秘诀，就是我们的绩效是让员工从‘要我干’变成‘我要干’，而且‘要拼命地干’。”

为什么要拼命干呢？这家企业重点抓的是组织部门，组织部门再抓下面的员工绩效。假设企业有十个部门，每个月通过考核进行分数排名，当月排名最后一名的和第一名的不会对工资产生多大影响。激励第一名的是分享，就是把成功经验分享给大家；而最后一名要总结，总结为什么没做好。这样大家谁也不想当最后一名，都想当第一名。特别是到年底，所有部门的分数加起来，分数排名第一的不一定会升职，但是会增加 3 万 ~5 万元薪酬；而最后一名一定会降职或降薪，降薪也将降几万。

这就产生了“内卷”，公司的绩效飞轮就有了驱动力。这就实现了组织与个人的共赢（当然我们反对过度“内卷”，但适度的“内卷”就是良性竞争，是有必要的）。

当然了，如果大家有机会参与我们公开课的讨论，我会给大家分享更多的案例。比如，生产部门怎么实现驱动力增长，销售部门怎么实现增长，以及研发部门怎么激发内驱力。

绩效飞轮一定会给予员工激励，不光有物质激励，还有精神激励，把员工的内驱力激活了，把员工的活力激发出来了，绩效管理就会得到正向的结果，就会变成企业增长的加速器。

大家有没有发现，市场化竞争的企业往往会出现比较好的高绩效文化。高绩效文化往往是驱动着企业发展的核心引擎。很多企业越竞争、压力越大，往往内部的活力释放、激发就越大。这就是绩效产生的力量。

绩效一定要产生绩效飞轮的效果。因为绩效一旦产生绩效飞轮的效果，就能实现组织与员工的共赢。很多企业的绩效管理是冷冰冰的，绩效就是考核，考核就是发工资。你想想大家愿意绩效存在吗？不，大家肯定会讨厌绩效考核。**而以提升内驱力为目的的绩效管理，就可以实现组织与员工的共赢。**

（二）如何带动绩效飞轮高速运转

那么绩效管理飞轮循环精进，包括绩效计划、绩效执行 / 指导、绩效评估、绩效回报，如图 4 所示。

在这里面有几个点要给大家去讲一下。就是说在整个绩效过程中，绩效计划包括绩效管理的周期和权限。

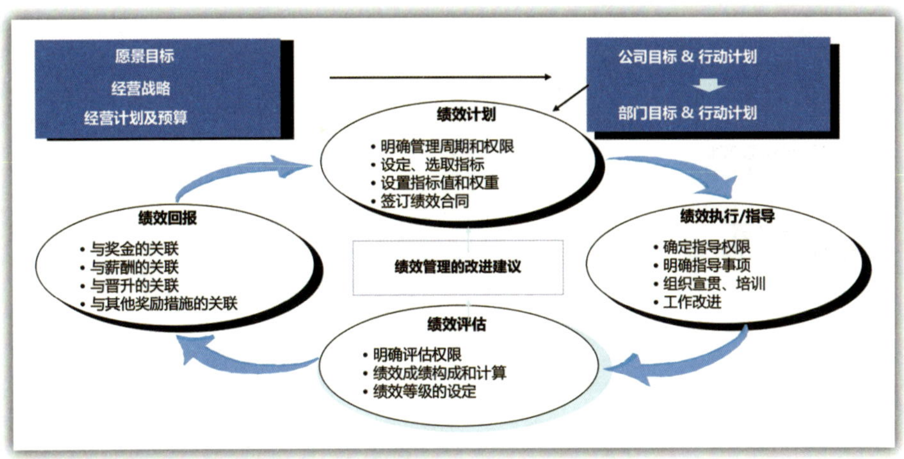

图 4　绩效管理飞轮循环精进

1. 绩效管理的改进建议

第一，明确绩效管理周期和权限。有的公司的绩效计划是半年一度、一年一度的，我觉得没有用，因为它纯粹是考核。绩效考核的周期原则上不要太长。如果是职能部门的绩效计划最好只是季度的，其他科室是月度的。现在很多企业推行OKR，是一周。甚至我们要真正能够激发员工每天的积极性。因此，要明确绩效管理的周期和权限，这是一个非常重要的环节。

第二，绩效指标的选取一定是基于战略承接。

第三，设置绩效指标的权重、指标值和目标值。因为绩效指标的目标值定得好不好，直接影响绩效结果。绩效沟通也是影响绩效结果重要的一环。

第四，绩效评估。就是通过绩效评估工具决定绩效回报。

2. 以绩效管理赋能“一把手”

绩效管理特别要强调一点：绩效管理应成为部门“一把手”的“称手装备”，见图 5。也就是说要让绩效管理真正成为“一把手”能够推动组织，成就这个部门工作有效的重要工具。刚才也谈了很多，绩效要承接并实现战略目标，提升组织的效能，然后赋能员工的成长。

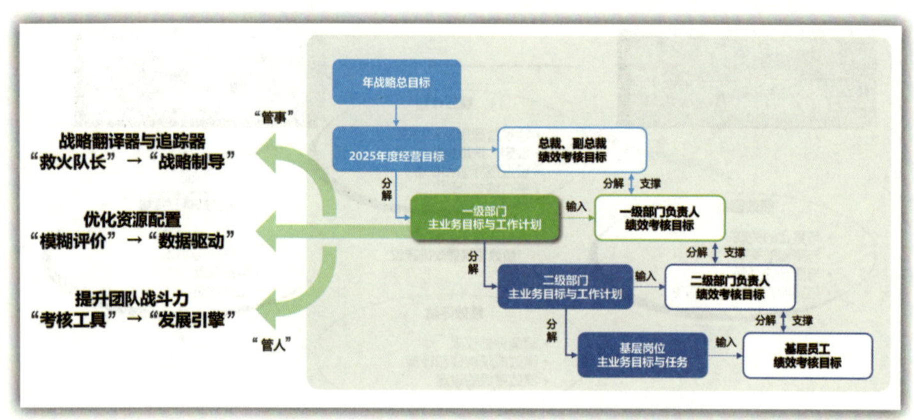

图 5　绩效管理应成为部门“一把手”的“称手装备”

对企业来讲，图 5 的几个环节很重要。

一是战略翻译器和追踪器。我们讲战略很多是概念性的东西，但是我们又要把它的概念性变成行动性的具体目标，所以需要一个翻译器。然后，为了解绩效管理实施过程中出现的一些问题，又要变成追踪器。

二是优化资源配置。从模糊评价到数据驱动。凡是没有数据的管理都是道理，道理没有人愿意听的，你要拿数据拿事实给他看。也就是说我们通过绩效管理去做优化资源的配置器。要进入数据驱动，用数据说话。所以大家记住一句话，不掌握数据，不懂得经营。

三是提升团队战斗力。从考核工具到发展引擎。为什么考核能够提升战斗力呢？大家都想一想，比如通过我们的努力，产品的成本下降 10%，通过数据反映出来，是不是有积极性？假设努力后成本又下降了 12%，那么就更有冲击力，战斗力是爆棚的。

绩效是战略的翻译器和追踪器，绩效使优化资源从模糊评价到数据驱动，绩效从考核工具变为发展引擎。这些是绩效真正产生的价值。

3. 组织绩效与个人绩效的联动

在创造这个价值的过程中，要通过绩效目标分解，让大家知道“人人头上有指标，个个身上有担子”，组织绩效与个人绩效要联动才能产生价值。

那么怎么实现“人人头上有指标，个个身上有担子”？先看年度总目标、2025 年经营目标、一级部门的目标、二级部门目标、基层目标，然后再分解到总裁、部门负责人、员工，这叫承接，这叫有担子，这就是层层分解。

4. 绩效管理的关键四句话

通过我做绩效咨询二十多年的经验，在这里我送大家对绩效管理非常有用的四句话。

第一句话，战略指标层层分解。从总公司到分公司，从一级部门到二级部门，甚至到员工岗位。战略指标没有层层分解的话，战略就会被稀释，变成一个概念，落实不下去。

第二句话，职责指标有效对接。有的部门、有的岗位的战略性指标不一定那么多。但是这个部门也创造价值，它也是一个支撑部门。那么部门的这个指标来自哪里呢？职责不清就很麻烦，所以职责指标需要有效对接。

第三句话，指标数值质询修正。把指标选出来了，指标的数值很关键。指标的目标值定得比较低，大家没有积极性，指标目标值定得太高也不行。那就通过质询会的形式来进行修正，打破部门墙。

第四句话，短板指标反复考核。用人可以用人所长，但做事的时候，部门工作不能有短板，要找员工的短板。

我认为，以上四句话总结了绩效管理的流程和真谛。真正能够把绩效管理变成推动企业成长的加速器，打造一个绩效飞轮。

5. 绩效指标构成八大要素

第一，考核维度。要从组织绩效、个人绩效、组织能力的提升等方面考虑。

第二，**指标名称**。指标名称必须明确，要符合 SMART 原则。

第三，**指标权重**。权重既不能过高也不能过低。

第四，**指标定义**。需要有量化的计算方式，定义清楚、度量清楚，不能只凭感觉。

第五，**指标目标值**。华润老板讲过，指标要定在山尖上。既有高度又接地气。山尖上是有高度，但努力也能够得着，也接地气。

第六，**设立目的**。企业一定要明确设立目的。

第七，**评分标准**。定好标准非常关键。

第八，**数据来源**。数据来源一定要清楚。

注：本文根据李志华老师在“华夏基石管理讲读堂”直播内容整理编辑，详情请关注李志华老师推广性公开课“自主驱动的奋斗型人才打造”，扫描二维码了解课程详情。

为什么当市场低迷时，发现很多销售团队都是“假销售团队”？

营销在前，销售在后
——把营销能力融入客户关系构建中

杨建平
华夏基石管理咨询集团创始合伙人、副总裁，
首席营销专家

一、营销领域的钱都花到哪里去了，花的钱有什么用？

大概 20 年前，我在康恩贝销售公司当顾问，与其时任执行总裁徐伟先生讨论过一个话题：**营销领域的钱都花到哪里去了，花的钱有什么用**？当时我们都很兴奋，感觉隐约发现了营销实践背后的逻辑。

经过一天一夜的研讨，从具体到抽象又到具体的归纳提炼，我们画出了企业与客户之间的三种联系：产品推广（品宣等）、销售（渠道各层级，包括直销团队建设与管理、渠道促销、终端促销）、客户关系维护（售后服务、增值服务）。我们把各种动作归结为资金的投入，并得出了一系列结论。那次思想碰撞，形成了我个人在营销领域的重要方法论，大大助力了我在营销咨询领域的实践。为此，也形成了我的一句自述：在与一代企业家与职业经理人为师为友的职业历程中，总结提炼中国企业的理论体系（见图 1）。

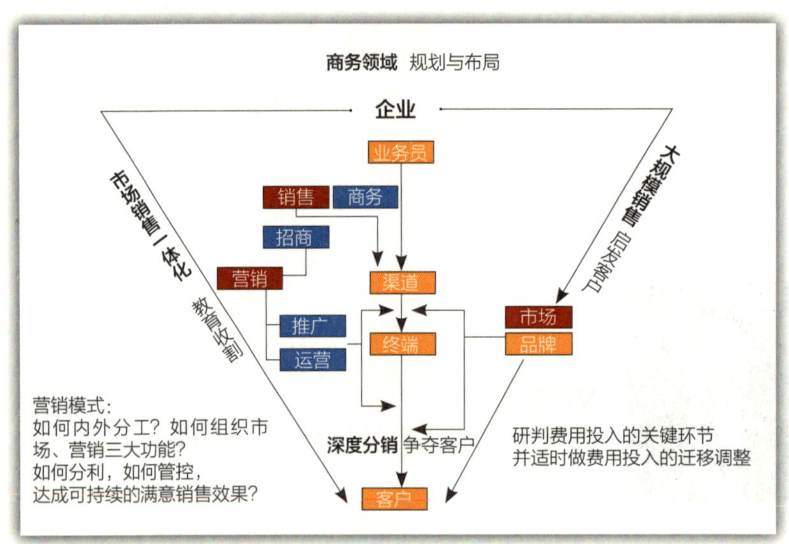

图 1 营销体系与营销资源投放示意

营销领域的钱都花到哪里去了，花的钱有什么用？当时主要的结论如下：

（1）不同类型企业在营销领域的投入各有侧重。如康恩贝的“前列康”产品，主要把营销费用投到产品推广广告上，形成消费端的拉力（顾客指名购买），所以称为品牌药；而普药的营销费用主要投到渠道促销上，因为产品同质化背景下顾客购买时更多关注的是品类而非品牌，所以通过渠道促销来增大渠道推力，形成更多的终端覆盖，增大随机购买的可能性。也有企业把营销资源主要投在终端上，靠终端推广与拦截获得销量。营销费用投入的不同侧重就形成了不同销售模式。

（2）判断企业属于哪种营销模式的方法很简单，就是把企业在营销领域投入的费用全数罗列出来，如自身团队管理费用、内部提成、外部政策、促销费用、分销费用等，计算总数以及各项费用的占比。这个占比，**就是企业真实的营销模式**。而占比最高的那类举措，就可以指代企业的营销模式。所以营销模式可以分为广告驱动模式、渠道政策驱动模式、终端促销模式、客户经营模式等。各有各的好处，实践中每种模式都有做起来的企业及产品；也各有各的弊端，都可能遭遇其他模式的有效阻击，只能扬长避短。比如小企业在局部市场做终端促销，康恩贝就没有必要跟进，而是进一步提高区域广告投放的针对性与有效性。

（3）**营销费用率的提高是有限度的，企业在一个销售周期内的营销资源投入一定要找到杠杆率最高的领域及举措，把钱花在刀刃上**。如果在一个销售周期内，所有的领域都要投入比同行更多的资源，绝大多数的结果是企业无利可图。在不同销售周期，营销资源投入的重心可以转换。如“前列康”当时的知名度已经足够大，销售的堵点在渠道的积极性上。所以营销资源的投放重心就要从广告转换到渠道推广上。

（4）**企业投入的营销费用，从性质上可以分为两类**，一类是一次性费用，如项目奖励、员工补贴等，相当于当期成本，这类费用对于未来的销售作用甚微；另一类属于有限能力建设性质的费用，如品宣、渠道建设，以及营销总部功能建设（如市场研究规划策划、物流、流程优化、培训、售后服务等），这些举措具有长期影响力以及广泛的产品覆盖度，具有长期的价值。所以，营销费用投入管理的大方向是尽可能减少一次性费用，使其可以更多地转化为营销能力建设费用。

（5）**即使在不同的营销模式下运作，都应该以形成营销能力为基本目标**。随着营销能力的形成，企业可以驾驭市场，反过来带动企业的产品 / 服务迭代升级，从而进入良性循环。如果不能形成营销能力，企业的销售业绩也将是一次性的。通用的营销能力外在表现有五种：**把握市场信息力、接触市场渠道力、影响市场品牌力、竞争市场产品力、经营客户服务力**。内在支撑有文化、组织、流程、团队、激励等管理要素。上述模型与结论为企业的营销能力建设指明了方向，企业可以根据自身产品的实际情况有针对性地选择适合的营销模式，培育出自身的营销能力。后续，依靠营销能力获得可持续发展。

二、为什么当市场低迷时，很多销售团队都是“假销售团队”

最近两年，许多行业供不应求的时代逐渐成为过去式，企业对营销领域咨询的需要重新旺盛起来。所以短期内密集接触了一批中小型企业，得到一个比较不乐观的普遍结论：**大部分中小企业在营销领域的钱还是白花得多，没有形成有效的营销能力**。

大多数企业建立了销售团队，并有配套的销售内勤体系。行业红利期，简单产品推广活动（如参加展会、线上引流等）即可带来业绩增长，销售团队扩张，销冠涌现，其大笔提成的兑现意味着企业获利更多，一切都呈现出蒸蒸日上的大好形势。企业自知兵强马壮，营销能力足够强大。

然而市场一旦低迷，销售业绩就惨淡。销冠业绩下滑，不得不承认以往的业绩（90%）应该归功于行业红利，个人的实力与努力（10%）及运气因素作用有限。

大部分企业以往营销能力主要体现在销售环节事务处理上，比如看样、谈价、签合同、确款、发货、跟踪物流、发票、对账、催收、售后等程序性工作。**涉及产品推广、客户开发、定价/报价等策略性事项的思考或能力，大部分都由企业老板承担**。

而在价格战卷到极致的情况下，企业可以投入的资源量也相对减少。以往常用的成交手段如降价、延期付款、进一步促销、提高提成比例、加大渠道政策力度等，企业反倒没有能力做了。能够依靠的只有现有团队、现有外部资源。现有团队面对困难加大，手段减少，收入降低的现实，能不能跟公司同心同德共克时艰是个问题。若外部资源如渠道，与公司只是买卖关系，很可能在市场压力下进一步挤压公司利润空间。企业面临严峻挑战。

在缺乏有效营销能力的情况下，能够想到的举措无外乎有以下几种：

一是高指标、高激励、严考核：如设定高业绩指标以预留利益空间；同步分解到销售团队及个人，提高激励。然后严考核，即胡萝卜加大棒。但是如何完成指标，其实谁心里都没有底。如果届时大部分人都完不成任务，这种举措会不会造成团队崩盘？

所谓营销，指的是构建企业与顾客之间的关系，建立企业与顾客之间的连接。

二是压缩成本，加大产品的利润空间，加大外部政策力度，“卷”价格、“卷”促销，参与价格战。但底线是保持盈利，鲜有企业去做没有利润、只求销量的事情。所以此举措空间有限，很难称为竞争力。

三是借助培训快速提升团队战斗力，对销售技能培训、领导力培训、团队建设、策划能力、AI 应用能力等进行培训，这本身是正路，是正确的投资，但培训的转化是行业难题，在培训需求所托非人的情况下，可能远水解不了近渴，若未切中要害，又占用大量销售团队的时间进行培训却无实效，会不会成为压垮团队的最后一根稻草？

四是招聘高手来救命，但现成的销售高手难寻？人才效能与环境高度相关，其他体系内的高手未必能在本公司发挥作用。能自行搭建销售体系的高人，对企业而言是可遇不可求的。

也有的企业寻求咨询公司的帮助，咨询公司可以凭知识库与能力，帮助企业弥补视野、方法论上的不足，其团队还可以阶段性弥补企业营销能力上的不足，协助企业一起落实营销上的有效举措。在此过程中，伴随营销的成功，企业营销团队的成长与营销能力的提升是大概率事件。这可能是在行情低迷期中小企业的较优选择。当然，真正能帮助到企业获得营销成功的咨询团队也是凤毛麟角，遇到了也是缘分。

三、是时候构建营销能力了——营销的“五个力”

回过头来解释一下什么是营销及营销能力？许多企业老板、营销负责人可能搞不清楚。对营销的研究，不得不提包政教授。在他的理论体系里，**所谓营销，指的是构建企业与顾客之间的关系，建立企业与顾客之间的连接**。关系有亲疏远近，有长期关系、短期关系、一过性关系。

企业与顾客之间的关系，如同人际关系一样，“始于颜值，敬于才华，合于性格，久于善良，终于人品”。因此，要有企业良好的外在表现，如产品质量、企业宣传，要有价值含量，有正确的价值观等，品牌建设就是企业与顾客构建关系的集中体现。连接方式多种多样，可以是以产品为纽带、以服务为纽带、以定期拜访为纽带、以线上社群为纽带、以利益为纽带、以情感为纽带等。

而销售，特指商品与货币这一具体交换行为。

销售能力是营销能力体系下的重要组成部分。从逻辑上讲，营销在前，销售在后。即首先构建起企业与客户之间的关系，有意无意地，企业总会形成与客户之间的关系，比如可口可乐构建的与客户之间的无处不在、物有所值的关系。

所以，**营销工作做好了，销售是顺理成章的事情**。产业史上丰田汽车的实践是系统化营销推动销售的典型案例。其创立的 4S 店模式以及投资汽车驾校、投资汽车维修工学校、投资汽车保险公司、投资高速公路等举措，其实是建立了企业与客户之间的关系，也建立了一系列连接。

那么，企业究竟怎么构建营销能力？具体可以分为五个方面，即把握市场信息力、接触市场渠道力、影响市场品牌力、竞争市场产品力、经营客户服务力。

1. 把握市场信息力

营销工作的有效决策是建立在充分及时有效的信息把握之上的，在不掌握市场、客户、竞品信息的情况下，可以在市场中试水，先开炮，后瞄准。自古“胜兵先胜而后求战”，谁不愿意能运筹帷幄。这就要靠企业的信息能力了，从商机的发现，到策略的针对性，政策的动态的调整能力等都需要及时准确的信息支撑。

2. 接触市场渠道力

以往相当长一段时间里商品的实体流通渠道是产品触达客户的唯一通路，所以，制造企业的发展之路就在工商一体化的路径上展开。所谓不掌握渠道，就没有制造企业的自主权。因此，对制造企业而言，“渠道织网”是主旋律。对于 ToB 的企业，渠道的内涵既包括与客户之间的所有利益相关者，也包括能够触达客户决策者的业务团队成员。到了网络时代，变化的只是线上产品信息传递与产品配送的功能分离，接触市场的主渠道变成了线上信息渠道。与实体流通渠道相比，基本道理没有什么两样。没有自己的渠道，按照贸易的思维，选择出价高者进行交易；或者不能掌握渠道的全部环节，比如与贸易商合作，不能触达真正的客户。在供不应求的时代好像问题不大。但一旦供需逆转，企业就很麻烦。所以，触达客户的渠道，就是企业编制的一张网，网的大小、网眼的大小、网的结实程度决定了制造企业在市场的大海里能捞到多少鱼。

3. 影响市场品牌力

品牌是企业价值内涵的外在标签，是产品快速凸显在顾客眼中、脑海中的能力。一方面，整个营销的过程，就是企业树立品牌的过程。企业的价值观、企业的价值，通过产品的质量、定价、销售模式、售后服务以及企业人员的形象、与外部伙伴打交道的行为体现出来，形成顾客端的观感与情绪、情感。另一方面，有效的传播，有意识、针对性的传播，也是品牌建设的重要要件。毕竟营销讲究的是效率，而大规模的购买可以建立在品牌传播之上，可以通过技术先进性与企业综合实力的展示建立信任关系，通过产品价值传播启发创造竞争需求，甚至是潜在需求。

营销工作的有效决策是建立在充分及时有效的信息把握之上的。

不是所有的牌子、字号都可以叫作品牌。**品牌一定是有故事的，可以靠技术实力与产品价值以及情感价值来支撑，靠故事来传播**。没有清晰的品牌定位，企业的外部举措的效果就无从累积，企业也就无从从某个维度上垄断客户需求，企业对市场也就没有影响力。

4. 竞争市场产品力

企业对社会的价值归根结底体现在产品上。企业之间的竞争，就是产品价值之间的竞争，不同价值量的产品面对的是不同的顾客群体；同样价值量的产品之间是企业的运营效率之争，表现在产品的性价比上。企业在希望满足客户需求的时候，不但存在能不能被客户接受的问题，还同时受到竞争对手的影响，企业的真正命题是如何发展自身能力，超越竞争对手，满足客户需求。

5. 经营客户服务力

老客户的重复购买，忠诚客户的转介绍，是成本较低的销售模式。如果已经成交的客户，作为一个群体还能在产品的更新迭代上给出意见或建议，即企业在 ToC 模式下能够走进客户生活圈；或企业跟客户之间能够构建起企业间的合作，即企业在 ToB 模式下能够走进客户价值链。那么某种程度上可以形成供需直接对接，让客户需求的机会大概率发生在企业身上。所以，经营客户的能力必须有相应的组织职能来承接。在实践中，潍柴动力的应用工程部嵌入主机厂的研发环节中，潍柴动力售后服务直接处理发动机问题，形成小循环，发动机问题不经过主机厂，都是经营客户的最佳实践。

总结一下，企业营销能力的外在表现有五个方面，它们之间是相乘的关系：**企业的营销能力 = 信息力 × 渠道力 × 品牌力 × 产品力 × 服务力**。

四、如何围绕“五个力”构建营销能力

能力的建设主要依赖资源与资金的投入，所以营销能力的构建可以归结为企业的资源、资金如何投到上述外在表现的五个方面。

第一，信息力建设方面。

一是信息源建设。首先是政策与行业类信息源，如行业协会、国家相关部委。根据企业的能力大小，从县级协会开始，向上延伸，直至够得到国家相关部委，从而及时了解行业政策与行业动向。其次是市场信息源，如行业网站、经销商、

终端商数据等。特别是在经销商与终端商层面建立抽样调研的样本体系，建立本品类的销售数据监测体系是非常有价值的。最后是竞争对手的动态监测，大部分信息都是公开的，特别是上市公司，通过其网站信息，基本可以分析清楚其动态与走向，包括举措及技术路线等。

二是“一把手”、决策者或者操盘手走市场的制度，保证其对市场的敏感度与质感。常走市场，就能及时发现问题，发现商机，从而快速有效决策。特别是可以看到竞争对手的真实表现，有针对性出招，老话说“常到邻家看，生意不清淡”，是有道理的。一旦远离市场，逐渐就会陷入以自我为中心。所以说哪怕有信息源在及时传回信息，或者有市场部、外部机构做市场调查，也替代不了“一把手”走市场。

三是信息处理机制，要有市场信息处理的专门岗位与功能，并逐步细化信息处理的机制，形成数字化的决策逻辑，避免用情绪化的结论替代信息分析。

第二，渠道力建设方面。

渠道大面积开发不难，有竞争力的产品或有竞争力的渠道政策都可以在短期内实现渠道的大开发。要点主要在以下两方面。

首先，是渠道与企业之间的一体化关系，是否是以伙伴的关系共同面对市场，应对竞争？如果是单纯的买卖关系，随时随地博弈，那么没什么竞争力可言。虽然也可以形成大量走货的局面，但是不稳定，不可持续。一体化关系的构建根本上在于制造企业管理与文化的输出，甚至包括制造商老板个人价值观的输出上。

其次，在可掌控性方面，除了品牌或产品掌控渠道，对渠道的掌控力构建主要在于两个方面：一是对渠道商的成功与发展的帮扶，比如智力、资源、资金的投入等，帮助其把生意做起来；二是与个人关系的构建，中国传统文化里交朋友与做生意是有先后顺序的，从某种意义上讲，喝酒也是生产力。

第三，品牌力建设方面。

一是品牌故事，甚至是企业故事，要讲得逻辑自洽，引人入胜。二是产品呈现方面，要质量对得起售价，服务对得起售价，产品与服务，包括团队充分体现出企业价值观。三是品牌上一定要投入足够资源去传播。只靠身体力行后的顾客自发口碑传播是小概率事件。酒香也怕巷子深，资源与资金在品牌上的投入是必不可少的，甚至在某种意义上讲，品牌上投入与销售的宽松环境，与销售上量的速度是息息相关的。

营销能力建设方面，资金与资源的投入，不管什么时候都能转换为企业产品销售数量与利润的支撑。

第四，产品力建设方面。

一是产品的概念设计的有效性，即一定按照客户需求、技术壁垒、成本控制的三原则来进行产品概念的设计，保证产品具有真实的市场需求，且在技术上有独到之处，成本上有竞争力。假如一时半会做不到，也没关系。“Me too”的产品也可以先出来，但一定要知道在产品上努力的方向是什么，从而在技术独到与成本控制上逐渐形成能力。二是产品实现的能力，技术路线、设备装置以及工艺技术等，是产品实现的根本，是质量与成本的保障，所以，在产品实现能力上下功夫，精益求精，是产品竞争力的重要保障。三是供应链能力，供应链除了保供，更重要的是供应链联动带来的成本、质量以及产品升级的可靠保障。

第五，服务力建设方面。

一是经营客户的理念。认知到市场是活生生的人所构成，即便是 ToB 业务，影响业务合作与否的关键因素也还是人的观感与判断。所以，以客户为中心不能只是口号，而是要落实到建立具体的几项原则，如未建立直接联系客户数为零，不良关系客户数为零，ToB 业务建立立体对等的客户联系网等。二是要建立具体的客户关系管理部门或者岗位，把售后服务管理、客户资源管理，客户价值深度开发管理等职责落实为具体的流程与制度，把责任落实到具体的岗位与部门上。

以上营销能力建设方面，资金与资源的投入，不管什么时候都能转换为企业产品销售数量与利润的支撑。因此，在这些方面投的资，花的钱，老板永远都不会后悔。

五、企业如何依靠营销能力发展起来

假如企业具有营销能力，那企业是怎么发展起来的呢？大致的逻辑如下。

第一，目前企业有什么产品营销体系就可以卖掉什么产品。理由是由于企业有信息能力，总可以为既定产品找到最合适的细分市场与细分客户；由于企业有渠道能力，通过渠道助销、终端促销也能够比竞品先一步得到销售的机会；由于企业有品牌力，所以企业的抗逆性较强，市场低迷时候保持一定的认牌购买，必要时的降价可以带来较大的规模增长；由于企业产品有竞争力，所以在产品多样性组合，产品性价比组合，产品服务组合等方面都会有很大的操作空间；由于企业有客户经营力，客户看交情，看面子，也有可能出手为企业“回血”“续命”。如此，企业就能够完成目前的生产再循环。

第二，未来企业的产品升级、服务升级、新产品研发方向，包括性能与成本设计等命题，都有了清晰的方向，甚至企业内部的组织建设，管理目的上也有导向。即销售听市场/客户的，企业内部都听销售的，形成供研产销一体化响应市场争夺的态势。所谓做正确的事情，以及把事情做正确都有了清晰的标准。企业整合利用资源的效率会高于同行，为客户提供价值的能力会高于同行。这就奠定了企业扩大再循环的基础。剩下的交给时间，一旦行业出现大机会，企业就可以一飞冲天。

注：本文首发于“管理智慧”微信公众号。

研讨

CHINA STONE▶▶

有心性的自在组织，不是乌托邦，也不是梦幻泡影，它是以禅的空性智慧与入世精神，响应人类内心对美好生活的追求，响应时代巨变中人性深处的需求：回归清净无染本心，过无碍自在的人生，响应技术更迭和时代变换给人带来的不确定、焦虑无措，以及万物互联世界对人类组织提出的新挑战、新问题。

——彭剑锋

构建一个有心性的自在组织

——《百丈清规》与组织变革

禅的智慧，尤其是关于组织管理的智慧和思想，可以为我们思考“在智能文明时代应打造一个什么样的组织”提供启发。特别是在算法算力深度渗透社会生活，可能带来垄断风险与人文价值挑战的背景下，如果能将禅宗心性智慧与西方理性思维的组织治理哲学创造性结合并加以应用，或许能为人类组织进化打开新的格局、开拓新的可能。

彭剑锋

陆学彬

欧阳杰

雷丰旗

尚艳玲

华夏基石 3+1 论坛总第 54 期暨“禅话管理十二话”第七话

研讨嘉宾：

彭剑锋：华夏基石管理咨询集团董事长，中国人民大学劳动人事学院教授、博士生导师

陆学彬：博士，华夏基石管理咨询集团副总裁

欧阳杰：博士，华夏基石管理咨询集团副总裁

雷丰旗：华夏基石管理咨询集团高级合伙人，财务总监

策划/主持/文字

尚艳玲：《华夏基石管理评论》执行总编，企业文化研究及著作咨询顾问，高级合伙人

开场语

尚艳玲：禅宗组织变革的标志性事件是《百丈清规》的制定，这是百丈怀海对禅宗进行一系列组织化变革的重要内容之一。百丈怀海的变革是佛教“中国化”进程中的重要里程碑。在这之前，佛教“中国化”改革的突破性进展体现在六祖惠能对教义进行的根本性变革，使得教义简单、实用，关注现世生活，以人为本。《百丈清规》详细规定了禅宗寺院僧团的组织形式、行为规范和运营方式，其中重要的一条就是将生产劳动确立为修行的重要组成部分，明确规定：“一日不作，一日不食”。

百丈怀海的变革体现出鲜明的问题导向，致力于解决禅宗发展中面临的根本性挑战。他的改革，使得禅宗在有效调适皇权政治和农耕文化的同时，建立起一套相对独立、自成体系的组织化发展模式，带来了几百年的禅门兴盛。同时，《百丈清规》的推行也为禅宗僧俗二众提供了清晰的行为规范，使其在日常生活中能依规修行。

那么，在数智时代，企业要让自己选择的事业继续下去，要让企业更好地生存下去，从禅宗“中国化”的进程中能得到哪些启示？今天应如何进行组织变革？以下三个议题值得深入探讨。

1. 今天企业面临的突出问题是什么？

2. 企业从禅宗组织变革进程中能得到哪些启示？企业最需要进行哪些变革？

3. 追求觉悟的智慧组织和一般组织有哪些不同？

雷丰旗：浅谈禅宗变革的《百丈清规》对企业组织的启示

百丈怀海禅师制定的《百丈清规》在禅宗发展史上是一个里程碑节点。《百丈清规》对僧人的管理是以德服人的典范，是在对中国佛教僧团管理经验吸收与总结的基础上，结合当时的经济政治社会环境的改革创举。它在组织上力求分工明确，结构简单，长老主持全局，下有维那主理僧团纲纪，设置十务，令各司其职；在管理的实行中力求民主与平等，既有民主，又有集中，从制度上保证了僧众秩序和寺院的高效运转。并且可根据寺院大小，地域不同，时代不同，灵活调整，加以变通，适应各种变化和挑战，《百丈清规》因而在禅宗中绵延了几百年。

《百丈清规》不仅对佛教的研究和传承有重要的意义，对现代企业组织建设也有借鉴和参考作用，下面我结合起来谈十个观点。

（1）任何一个组织随着自身发展和时代的变化，所面临的新问题也会越来越多，组织建设提上日程成为必然。《百丈清规》很好地适应了这一需求。现代企业公司化运作，同样存在着这个问题，即必然会面临组织建设的需求。

（2）《百丈清规》的组织建设原则遵循的是“有情怀，懂‘江湖’，通人性”。作为企业，同样如此。经营企业，就是经营人心；企业组织建设的原则，同样如此，遵循“有情怀，懂‘江湖’，通人性”的大方向。《百丈清规》不拘泥于形式，随时随地做出改变，实事求是，不崇尚权威，不搞教条主义，不搞形式主义，不唯经验主义，这都是组织变革基因。

（3）在实际管理的方式方法上，《百丈清规》继承了早期佛教僧团及儒家之“德治”管理，并兼取了“法治”管理的合理成分，发展出了凭借领导者个人的人格力量督促被管理者自我管理，发挥组织与制度的监督与制约作用为一体的、平等民主的管理方式与方法。

（4）禅宗的发展与禅宗丛林制度的确立及农禅制度的推行有很大关系。《百丈清规》创立了一种融政府监督与僧团自我管理于一体的管理模式，充分体现了组织的人治、法治，都不如激发被管理者的自我管理更高效。

（5）以领导者人格力量影响和带动僧众自觉遵守戒律。《百丈清规》规定，寺中最高领导者为长老（方丈），其在职位上，既是法人代表，又像教育总长、校长、严师。管理寺院僧众和为僧众开示讲学说法，指导全寺僧众们的实地修行和品行的督导，为僧徒做表率，在这一方面，他有无上的权威和无限的责任感。

（6）每个人在心地上下功夫，从而实现自主管理、无为而治，发挥每个人的创新能力和积极性。同样，经营企业，就是经营人心，一个高效率的组织，也是在凝聚企业人心上下功夫。

（7）激发每个人的活力应该是一个企业组织建设、组织变革能够可持续发展的核心。任何一个组织如果仅依靠物质激励都是脆弱的，并且容易导致道德的沦丧，内部的钩心斗角；如果仅依靠制度来管理，容易导致僵化而失去自主创新的活力。

因此，我们要借鉴《百丈清规》的以德服人文化建设内核，通过建设良好的企业文化来提升组织建设，在组织变革中，让企业的凝聚力、向心力得以加强，企业获得可持续发展的动力。

（8）个体目标不能凌驾于组织目标之上，同时，组织目标要兼顾个人目标。寺院，不只是宗教场所，同样也是一个让大家聚合在一起以求共同进步的场所，集体组织通过确立共同目标为成员个人目标的实现提供制度性保障与资源支持。

（9）赵州和尚八十仍行脚，鼓励禅僧互通有无，交流参访。《百丈清规》鼓励组织内部人员适度流动，说明组织不是僵化的、固定的、一成不变的。身处当今技术突飞猛进的智能文明时代，要允许组织内部研发部门、市场部门保持旺盛的生命力，不拘泥于形式，具备随技术而变、随市场而变的能力。

（10）《百丈清规》是应历史潮流所生，并不是凭空出现。《百丈清规》是百丈怀海禅师的创新精神和务实态度的具体体现，是中国佛教史上寺院管理的创举。创新精神和务实态度的结合，也是企业组织变革发展可遵循的理念。

欧阳杰：反对组织虚无主义，打造无相生态组织

刚才雷老师从组织架构、治理模式和领导力（以德服人、以身作则）三个方面对《百丈清规》进行了较全面的解读，从中引出的每条启示都有理有据，收获很大。

回到这次讨论的主题，结合《百丈清规》谈谈我的一些理解。

一、当下企业面临的突出的问题

组织建设方面，华为可谓是成功案例的典范。

在组织建设上，华为有三大里程碑：制定《华为基本法》，解决思想和路线问题；采用流程型组织，解决方法和协同问题；利用人工智能等先进技术打造的数智化组织，解决生态和融合问题，亦即在万物互联时代，共建人机同行以及碳基文明和硅基文明和合共生的新型组织生态。

从组织建设上讲，华为与当下很多企业所讲的组织建设最大的不同，是其把组织作为一个独立的对象，一个可以影响组织成败乃至生死的重要载体，并用心经营，持续发力。反观国内企业，很多企业一谈及组织发展，就是架构调整；一讲组织能力，就是关键岗位和核心人才；一讲组织文化，就是使命愿景和价值观，以及针对员工个体的传导与落地。这些企业在组织建设上存在最大的问题，可能是在单个员工和组织架构的背后看不到联通员工大脑，进而协同高效的那张无形网络，看不到那张网络上流动的权力、知识和情感作为一种系统性的力量在赋能或支配员工工作的同时，也在迭代自己，让自己也形成了一个虽然看不见但却先在人类头脑（古田会议所探讨的组织）进而在数字空间（华为的数智化组织）实实在在地存在。一句话讲，就是在看不到有形的组织架构（Organization Chart）之外，还有一个看不见的组织结构（Organization Structure）。我把这个现象称为组织虚无主义。

在组织建设中，有两句名言。第一句“战略决定结构”，第二句“结构决定功能”。这两句话中的结构都不是国内很多企业所理解的、能在纸上画得出来定义得清楚的组织结构——如事业部制或直线职能制等，而是独立于个体存在且无形无相、一直在迭代自己的那看得见的存在。

国内企业在组织建设上的问题是什么？彭剑锋老师曾归

纳为“四大顽症”，即官僚主义、形式主义、教条主义、经验主义，这些问题的确是普遍存在于组织中的。官僚主义不多展开，这是官本位的传统文化在企业的映射和展现，可谓“历史悠久”，上若搞官僚主义，下必有形式主义，这“两大主义”不能给客户和股东创造任何价值。教条主义的表现，除拿着上面的指示不折不扣执行，就是学标杆照搬照抄；而经验主义则相反，看到别的优秀企业的做法，但动不动就强调自己的特殊性，如，“华为是很厉害，但华为的那些最佳实践在我们这里行不通等”。教条主义和经验主义最大的特征，就是一切从“本本”、经验出发，不讲问题导向和客户导向，不看实际。从哲学角度理解，教条主义和经验主义是认知方法出了问题，而官僚主义和形式主义是实践方法出了问题。认知方法和实践方法出问题的企业，其成功是偶然而失败则是必然。

相较于上述“四大顽症”，前面提到的组织虚无主义更加麻烦。企业一旦意识到“四大顽症”的存在，并下决心根治，其见效速度会比较快。是以一把手为核心的高管团队意识到，他们与其所管理的企业之间的关系就如同驯象师和大象：表面上，驯象师处于主导地位，但其如不顺应大象的本性去训练，最终效果可能不尽如人意，甚至可能导致悲剧发生。

自由学者王东岳认为，“术”是我们可以驱动和支配的东西，而“道”则是驱动和支配我们的力量。借鉴这一视角审视组织建设：看得见的组织架构、规章制度属于“术”的层面，看不见的组织结构是“道”。国内很多企业组织方面存在的最大问题，就是在这样巨变的乌卡时代，大家意识不到“道”的存在，或者自己本来就一知半解但却认为掌握了“道”，这种认知状态使组织在复杂环境中前行时面临着巨大的潜在风险与不确定性。

二、从禅宗变革进程中得到的启示

刚才雷老师对《百丈清规》的解读非常全面，我这里补充三点。

一是《百丈清规》让寺院生活从靠布施到靠布施与自立“两手抓两手硬”，僧团修行从靠自律（信仰）到自律加他律（组织）相结合，教义传承从以师带徒到以师带徒和用组织化培养人“两条腿”走路，从组织上完成了佛教的“中国化”。这一点之于今天组织建设的启发是，企业，特别是大企业的高管——尤其是一把手，一定要高度重视组织建设。这种组织建设不只是分工协作和组织架构，还有流程建设、文化建设与数字化建设等。

按照德鲁克的说法，企业有五个利益相关者：客户、员工、合作伙伴、政府、社区，这是一个链条上的。

二是《百丈清规》中特别强调仪式。对企业的启示是，在组织建设时，也要在工作中加入仪式感，让员工在重复的工作中有所期待，在日常的工作中感受神圣，在紧张的工作中有所抽离。这三个“有所”可总结为用仪式给组织增添活力，给员工输入和感受到意义。

三是《百丈清规》中对长老或住持，在规定权力的同时也提出了很高的要求，长老或住持要是“真正完善的人”，而且他们还能以身作则。这一点于今天的中国企业意义在于，企业中的人组织得再好，如没有优秀企业家和企业家精神注入，这个企业也将会逐渐走下“神坛”。

三、追求觉悟的智慧组织和一般组织的不同

这个话题很大，我想从三个方面谈两者的区别。

一是目标观。一般组织更多追求“钱权名”，而智慧组织则追求“干事业”，亦即《周易》中所讲的“举而措之为天下之民”。

二是伙伴观。一般组织是把员工和伙伴当成手段，而智慧组织则把员工和伙伴当成目的。比如某新能源汽车品牌被供应商曝出，强行要求供应商降价 10%，利用自己的强势地位把供应商伙伴吃干榨尽。当然，不止这一家企业，也不止这一个行业，压榨供应商在很多行业里都存在，一些互联网平台型企业利用模式和算法对供应链的压榨更甚、更隐蔽。这些企业可能会称，为了给客户创造价值，让利于客户，但是，按照德鲁克的说法，企业有五个利益相关者：客户、员工、合作伙伴、政府、社区，这是一个链条上的。过度压榨供应商，最终伤害的还是消费者，这就是问题所在。对智慧企业而言，员工和供应商都是伙伴，不真心对待伙伴，不用心成就伙伴，就没有可能成就客户。

三是生态观。一般组织把自己和他人的边界分得很清楚，骨子里是亚当·斯密所讲的主观利己、客观利他；而智慧组织奉行自觉觉他，坚信“我为人人，人人为我”，致力打造“用天下人的力量服务天下人”的无边无相无界组织。事实上，智慧组织的上述信念和张载所讲的“天人合一”和“民胞物与”、稻盛和夫所讲的“敬天爱人”，本质没有区别。

用一句话总结，智慧组织是以“第一性原理”（洞悉实相），修“不二法门”，在人间“六度万行”。

陆学彬：组织的灵魂在于效率与创新

我们以问题导向来讨论今天企业组织面临的突出问题是什么？我个人认为有这两个突出的表现。

一是组织僵化，技术进步了，行业变化了，竞争对手改变了，自己的组织结构一成不变，反应速度慢。

二是组织缺乏灵魂，没有信仰，缺乏精神引领，因此，大环境一变化，很多企业才开始读德鲁克，开始思考自己组织的愿景、使命、值观。

企业的本质是一个法人组织的生命体，是一个有着自己的新陈代谢规律和精神意志的综合体。小到一个团队和班组，大到一个社会组织和国家，一个组织如果没有文化、精神，没有理念和信仰，只有短期行为，必然缺乏战斗力。

一、AI 时代，组织变革的趋势仍然是效率和创新

组织自诞生以来，就因为其将不同的个体组织起来，实现分工和协同，最终完成个体所不能实现的任务，实现个体不可能完成的目标。

进入工业革命之后，组织的分工协同，通过技术、机器的社会大生产，将工作分成不同的流程，生产流水线的作业机制，实现了人的社会大分工和社会大协同。组织的效率，通过科学管理革命的形式，使得管理者从一开始对效率的优化和提升尤为关注。

历史让效率高的公司成为胜者，而反应慢的公司沦为落后者。福特是典型的案例之一。福特在生产制造上的优势，使其对消费需求的理解、营销组织的创新缺乏深刻的洞察，最终被通用汽车超越。公认的重要原因之一是通用汽车采用了更为灵

活的事业部组织结构。

福特汽车成立于 1903 年，通用汽车成立于 1908 年，通用早期市场占有率远低于福特。在斯隆加入通用之前，通用汽车公司的权力结构相对松散，缺乏有效的集权与分权平衡。这导致公司在决策和执行上效率不高，难以应对快速变化的市场环境。

斯隆提出了“集中决策控制下的分散作业”理念，并引入了事业部管理体制。这一制度允许公司在高层保持战略决策的统一性和权威性，同时在各个事业部内实现经营管理的自主性和灵活性。这种制度不仅提高了公司的运营效率，还促进了各事业部之间的竞争与合作，从而推动了公司的持续发展和创新。

在AI时代，组织变革的趋势仍然聚焦于效率和创新。这两者不仅是组织发展的外在表现，更是其内在动力的体现。

与通用汽车相比，福特汽车在组织结构上显得较为僵化，缺乏足够的灵活性和适应性。这使得福特汽车在应对市场变化时显得力不从心，最终因为过于坚持单一的产品策略和组织结构的僵化，逐渐失去了市场优势。

在 AI 时代，组织变革的趋势仍然聚焦于效率和创新。这两者不仅是组织发展的外在表现，更是其内在动力的体现。

1. 效率：多、快、好、省的产出。效率是组织变革的首要目标之一。在 AI 时代，效率的提升意味着组织能够在更短的时间内，以更低的成本，生产出更高质量的产品或服务。这种高效能不仅能够帮助组织在市场上占据更大的份额，还能够提升组织的整体竞争力。

（1）多：AI 技术使得组织能够同时处理更多的任务和信息，提高了工作的并发性和吞吐量。

（2）快：AI 技术能够加速数据处理和决策过程，使得组织能够更快地响应市场变化和客户需求。

（3）好：AI 技术能够优化生产流程和服务质量，提高产品或服务的整体品质。

（4）省：AI 技术能够降低人力成本、减少资源浪费，实现成本的有效控制。

在市场竞争中，效率更高的组织往往能够占据优势地位。它们能够更快地推出新产品或服务，更快地响应客户需求，更快地调整市场策略，从而在竞争中脱颖而出。

2. 创新：代表先进生产力的方向。创新是组织变革的另一大趋势。在 AI 时代，创新不仅意味着技术上的突破，更代表着组织在管理模式、市场策略、产品设计等方面的全面革新。

（1）**技术创新**：AI 技术为组织提供了前所未有的创新机会。通过利用机器学习、深度学习等先进技术，组织能够开发出更加智能、高效的产品或服务。

（2）**管理创新**：AI 技术也推动了组织在管理模式上的创新。例如，通过引入智能决策系统、自动化流程管理等手段，组织能够实现更加精细化、智能化的管理。

（3）**市场创新**：AI 技术使得组织能够更深入地了解客户需求和市场趋势。通过数据分析、预测模型等手段，组织能够制定出更加精准的市场策略，从而开拓新的市场空间。

在 AI 时代，谁能够主动采取和运用新技术，谁就能够代表先进生产力发展的方向。这种创新不仅能够帮助组织在市场上保持领先地位，还能够推动整个行业的进步和发展。

3. 效率与创新的相互促进。效率和创新是相辅相成的。效率的提升为创新提供了更多的资源和时间支持，而创新则能够推动效率进一步提升。例如，通过引入 AI 技术优化生产流程，组织能够降低人力成本和时间成本，从而为创新提供更多的资金支持。同时，创新也能够带来更加高效、智能的产品或服务，从而进一步提高组织的效率。组织的灵魂在于效率与创新，舍此无他。

二、禅宗的变革和启发

从效率和创新的角度来看，禅宗的变革过程确实展现出了这两个核心要素的重要性。

第一，“农禅”制度带来的资源积累与效率优化。随着融入农耕文明，禅宗逐渐转向农禅制度，通过垦荒等方式实现自给自足。这一转变不仅提高了组织的物质获取效率，还使得禅宗能够更加独立自主地发展。农禅制度实质上也是采用了先进的生产力，它结合了佛教修行与农耕技术，使禅宗在物质和精神层面都获得了双重提升。

随着寺庙得到皇帝的封赏、地方政府的支持或信众的捐赠，禅宗逐渐积累了庞大的庙产。这些资源不仅为禅宗提供了稳定的物质基础，还促进了其文化、教育等多方面的发展。

庙产的形成使得禅宗组织在资源配置上更加高效，能够更好地满足僧侣和信众的需求，同时也为禅宗思想的传播和影响力扩大提供了有力支持。

第二，共同信仰和精神带来的文化认同。禅宗虽然门庭派系众多，但始终保持着共同的信仰和精神。这种信仰和精神是禅宗组织的创新内核，它推动了禅宗在不同时期、不同地域的适应性变革和创新发展。

企业组织和禅宗组织最相通的地方是信仰，当企业真的把用户放在首位的时候，企业的商业，企业的组织就有根基了。

禅宗有一个主张，“即心即佛，无心是道”，工作场所是道场，而且这个道场完成了自主性和个体的解放，个体的解放就完成了自我管理那套东西，这是核心理念的变化。这个变化是对现代组织变化的一个很重要的点。

共同的信仰和精神还促进了禅宗文化的传播和认同，使得禅宗能够跨越时空界限，影响遍布全球。

第三，组织形式的多样性带来的创新实践与文化包容。禅宗在组织形式上表现出极大的多样性，比如，既有森严规范的《百丈清规》，也有云游四方的“行脚僧”。这种多样性体现了禅宗在组织形式上的创新实践，使得禅宗能够适应不同环境、不同人群的需求。

禅宗组织的多样性还体现了其文化包容性，它允许并鼓励不同形式的创新和变革,从而保持了禅宗的活力和生命力。

第四，给人才足够大的舞台。自立山头是禅宗富有扩张性的内在根源。禅宗，是最能够容得下山头，有大气象。

智慧组织是有觉性的组织，人是目标，而不只是工具。

禅宗组织的变迁过程充分展示了效率和创新的重要性。通过提升效率，禅宗获得了稳定的物质基础和发展动力；通过创新，禅宗保持了其独特的信仰和精神内核，并实现了在全球范围内的广泛传播和影响力。在AI时代，以创新为灵魂。

三、追求觉悟的智慧组织和一般组织的不同

有AI，也有爱。AI带来组织的变化，爱注入组织的信仰。组织就成了无相组织，有魂的生命体。

智慧组织是有觉性的组织，人是目标，而不只是工具。这是信仰问题，好的企业解决了这个问题，不好的企业这个问题肯定是主要原因。一个组织，是信客户还是信领导？还是盲目崇拜？这是不同的。信仰不同，决定了企业能够走多

远的路。

未来的组织，有 AI，也有爱。AI 带来效率和创新，同样，AI 让组织中的人以及社会中的人，更有爱。这是 AI 时代，组织变革要聚焦于效率和创新两大核心要素的目的。

技术是推动组织变革的最关键的驱动力，AI 技术的快速发展和广泛应用，必然会冲击组织的分工协同体系。企业的分工协同，一个是上下分层，一个是左右拉通。上下分层，只要企业成长到一定的阶段，管理没有高中低层的分工，没有分层的话，组织的管理幅度层级问题解决不好就是一锅粥。作为流程化的组织就是左右分工这部分，研究华为这个组织，怎么让主干流程清晰，然后在终端市场、末端市场又灵活。所以，企业必须不断调整和优化自身的组织结构、运营模式和管理方式。

首先，效率是组织变革的重要目标之一。AI 技术具有强大的数据处理和分析能力，可以显著提高组织的运营效率。例如，通过自动化和优化业务流程，减少人工干预和错误率，提高工作速度和准确性。此外，AI 还可以帮助组织更好地管理资源，优化资源配置，降低运营成本。这些效率提升不仅有助于组织在市场上保持领先地位，还可以为员工创造更加高效和便捷的工作环境，也为社会提供了更多的优质产品和服务。

其次，仅追求效率是不够的，创新同样至关重要。创新是组织持续发展和保持竞争优势的关键驱动力。AI 技术为组织提供了前所未有的创新机会，可以帮助它们开发新的产品、服务和商业模式。通过利用 AI 的智能化和自动化能力，组织可以更加深入地了解客户需求，提供更加个性化的产品和服务。同时，AI 还可以帮助组织发现新的市场机会和潜在的业务增长点，从而推动组织的持续增长。

为了实现效率和创新的双重目标，组织确实需要进行一系列的变革和调整。同时，这些变革和调整应当以人为本，关注员工的感受和需求。以下是对这一观点的详细阐述：

1. **重塑组织结构以适应 AI 技术。**随着 AI 技术的不断发展，组织需要重塑其结构以适应这种变化。这可能包括引入新的技术部门、调整现有的部门职责，以及创建跨部门协作机制等。这些变革旨在确保组织能够充分利用 AI 技术的优势，提高工作效率和创新能力。

2. **优化运营流程以提高效率。**优化运营流程是提高组织效率的关键。通过引入自动化工具、简化工作流程，以及加强流程监控等手段，组织可以显著提高工作效率和准确性。同时，优化运营流程还可以帮助组织更好地应对市场变化，提高客户满意度和忠诚度。

3. **加强人才培养和引进。**在 AI 时代，人才依然是组织最宝贵的资源。组织需要加强人才培养和引进工作，提高员工的 AI 技能和创新能力。这可以通过提供培训课程、搭建学习平台，以及引入外部专家等方式实现。同时，组织还需要建立激励机制，鼓励员工积极参与创新和持续改进。

4. **推动组织文化变革。**

组织文化是推动变革和调整的重要力量。为了实现效率和创新的双重目标，组织需要推动其组织文化的变革。这包括倡导开放、包容、创新的文化氛围，鼓励员工勇于尝试新事物、敢于挑战传统观念。同时，组织还需要建立有效的沟通机制，确保员工能够充分理解变革的意义和目的，并积极参与到变革中来。

5. **关注人的感受和需求。**在推动变革和调整的过程中，组织需要时刻关注人的感受和需求。只有让员工感受到组织的关爱和支持，他们才会更加积极地投入工作中去。这可以通过提供良好的工作环境、关注员工的职业发展，以及建立有效的员工关怀机制等方式实现。当员工感受到组织的温暖时，他们会更愿意为组织贡献自己的力量，从而推动组织的持续发展。

将组织视为道场，这一隐喻深刻揭示了组织的生命体特性和灵魂所在。在组织变革的过程中，融入慈悲情怀和利他思想，不仅符合德鲁克关于组织存在的使命是为社会创造价值的观点，也体现了组织作为生命体应有的道德和精神追求。

在AI时代，组织变革的趋势仍然是效率和创新。然而，在追求这些目标的过程中，组织需要处理好四对矛盾，以取得适当的平衡。

一是中心化与自组织的平衡。完全自组织的模式可能导致权力分配和责任边界的模糊，而过度中心化的组织则可能陷入官僚主义的泥潭。因此，像华为和IBM这样的组织，通过流程型组织为一线赋能，既保持了中心化的优势，又激发了自组织的活力。这种平衡使得组织既能够高效决策，又能够灵活应对市场变化。

二是创新性与继承性的平衡。禅宗的发展历史告诉我们，创新是推动组织发展的动力，但继承同样重要。当组织面临困难时，继承下来的传统和价值观可以成为组织生存的基石。因此，组织在追求创新的同时，也要注重对传统和文化的传承。

三是学习性与规则性的平衡。组织需要建立一套完善的教育和培训体系，以培养人才和提升组织能力。然而，规则同样重要，它们确保了组织的稳定性和一致性。组织需要在学习和规则之间找到平衡，以确保员工既能够自由发挥创造力，又能够遵守组织的规范和价值观。

四是扩张性与稳健性的平衡。组织的扩张是追求成长和发展的重要手段，但稳健同样不可或缺。组织需要在扩张和稳健之间找到平衡点，以确保在追求增长的同时，不会牺牲组织的稳定性和可持续性。

这些平衡的实现，最终体现在“三无”的核心思想上：无念、无住、无相。这些思想本质上强调了众生平等和无心是道，将组织视为道场，让员工在其中成长，并建立起组织信任。无论是在 AI 时代还是其他任何时代，这样的组织都能够保持强大的生命力和竞争力。

将组织视为道场，并融入慈悲情怀和利他思想，是组织变革的重要方向。在处理好中心化与自组织的平衡、创新性与继承性的平衡、学习性与规则性的平衡、扩张性与稳健性的平衡的基础上，组织可以打造一个员工成长、信任建立、持续发展的道场。

彭剑锋：有心性的自在组织，不可战胜

禅宗以“不立文字，教外别传”为教义，以空性作为核心思想，强调“直指人心，见性成佛”的修行方式。

六祖惠能对中国禅的教义进行了系统性的创新变革，提出了“明心见性、顿悟成佛”“重行禅、轻言教”“不二法门”等思想教义，简单实用，脱虚入实，积极入世，使得原本在寺庙山林里的清修真正走入了世间。百丈怀海的组织化改革让禅宗进入有组织规范、依据制度的组织化发展阶段。

一、禅宗组织化的开端：《百丈清规》

对中国禅的源起与形成、中国禅的教义，以及组织管理模式做了系统的阐述与改革，从而大大推进了禅宗的发展。

百丈怀海以南宗“即心即佛”“平常心是道”“明心见性”“顿悟成佛”等教义为核心，以“农禅并举”“坐作并重”为主要修行形式，以“非心非佛”的不二辩证思维，以“机锋棒喝”的接引（教学）方法，以《百丈清规》进行禅宗寺院的组织变革。据考证，《百丈清规》涵盖了修行、生活、处事、待人等多个方面，以下是其核心内容：

1. 农禅并举。一日不作，一日不食。打破印度佛教托钵乞食传统，规定僧众集体劳动耕作，劳作与打坐诵经一样是修行，由此实现经济上独立自主，自力更生，自给自足。

2. 丛林共住制度。①“共住制”，僧众从居无定所到集体共住；②“方丈制”，设方丈为精神领袖，但强调“不立佛殿，唯树法堂”，凸显佛法高于偶像崇拜；③“僧堂制”，僧众集体禅修、饮食、睡眠于同一空间，破除等级差异。

3. 清规戒律改革。简化戒律并制定适应中国社会的修行规范与行为准则，涵盖起居、饮食、劳作、礼仪、言行举止等方面。

4. 首创“禅净双修”制度。念佛与参禅相结合，适应不同根器的学人。

5. 平等共修。推行“普请”（也称为“出坡”，是寺院中一种集体劳作的制度。其核心在于**普请寺院所有人，上至方丈、下到清众，共同参加劳作**），切实奉行全体僧众“上下均力”的平等共修观念。

6. 简朴生活。提倡节俭，反对奢侈，要求僧侣过简朴的生活，专注于修行。

7. 有序、高效的寺院管理。《百丈清规》详细规定了寺院的职务与职责分工，如四大班首、五大堂口、八大执事，明确每个职务的职责与权利。同时规范财务、确保资源合理分配。

8. 集体决策。重要事务由僧团集体讨论决定，每位僧侣都有权参与决策，体现了民主精神与共治决策。

9. 惩罚与奖励。规定对违规僧侣的惩罚措施，严明纪律，专设“维那”一职，负责寺院的纪律和秩序，监督僧众的日常行为，确保清规戒律得到遵守；对表现优异者给予奖励、激励僧侣积极修行。

10. 法脉传承体系。确立“传法不传衣”的原则，“以心印心”代替衣钵凭证，避免形式化传承。同时制定严谨的嗣法程序，确保法脉纯正。

以上可以看出，《百丈清规》对组织文化与组织规则进行了体系化的改革，由此**奠定了中国禅的组织文化与组织规则基础**。

二、《百丈清规》值得借鉴的是组织变革之道，而非“术”

一方面，以《百丈清规》为核心的禅宗组织规则的确定与变革，奠定了禅宗的组织文化基础，并且使中国的寺院组织分工明确、层级清晰、管理简单直接，而且内部平等互助、自力更生、民主和谐。以长老为中心的单中心体制，既强调等级秩序，又强调内部人才的激活，彻底改变了原本源于古印度佛教的非组织化修行，真正让中国禅变成了有组织、有结构、有治理、有规则、有仪式的宗教团体。

另一方面，**百丈怀海所进行的禅宗组织文化变革使得中国禅从服务于皇家政权，开始真正服务于一般老百姓，服务于普罗众生。**尤其是农禅并举的创新，消除了当时政权和社会对禅门的担忧。

唐中叶后，朝廷对佛教的特权采取了诸多限制措施，取消对寺院和僧尼个人田产免税的规定，这使寺院僧众面临如何生存的严峻形势。在社会层面上，中国作为农耕社会，百姓饱尝从土地里刨食的农作艰辛，对“一分耕耘一分收获”

的劳作文化的崇尚深入骨髓，因此，老百姓对于乞食、吃白饭的行为是怀疑和不接受的。凡此种种，都是对当时的禅宗能否继续生存发展的考验。禅宗既要谋求持续生存发展，也要适应环境与形势的变化。

于是百丈怀海从禅宗发展的实践中总结出两条：第一，**必须独立自主、自力更生**。神仙、皇帝靠不住，因为皇权会变，政权一更替首先就拿宗教开刀。第二，**僧众太多了，国家养不起，老百姓也养不起**，当时自然灾害特别多，农业靠天吃饭，生产率很低，遇到自然灾害老百姓都没吃的，靠谁来供养？只能自力更生，自己养活自己。同时，由于僧众日盛，集体生活如何约束？出家僧侣应有的修养素质与行为规范是什么？生产劳动如何组织？劳动成果如何分配？这都是当时亟待解决的问题。百丈怀海决心进行教规改革，他博采佛教戒律中适合中国国情的合理内容，结合中国本土文化特色，结合当时面临的各种现实问题，创造性地制定出体系化的禅宗寺院管理制度（需要指出的是，《百丈清规》是百丈怀海进行禅宗组织化改革的核心内容，并不是一部类似于《六祖坛经》这样的完整典籍）。

一个组织要适应外部环境的不确定性，只有靠内在的确定性，内在的确定性就包括组织的信仰，组织持续生存的能力，以及自力更生、自主自信的文化精神。

由《百丈清规》开始，禅宗才真正成为一个独立自主、自力更生、自给自足的宗派。面对外部的不确定性，寺院有了内在的确定性。《百丈清规》成为中国禅的一面旗帜，也是中国禅历久不衰的内在组织保障。

一个组织要适应外部环境的不确定性，只有靠内在的确定性，内在的确定性就包括组织的信仰，组织持续生存的能力，以及自力更生、自主自信的文化精神。百丈怀海对禅宗的组织变革，使禅宗有了内在的确定性——组织有了信仰，有了仪式感，有了归属感，有了理性，有了规范，有了层序结构，开始呈现出组织的力量。

那么，《百丈清规》到底对现代组织有什么样的影响？如果从方法论，从工具方法的角度来讲，它永远超越不了工业文明的成果，超越不了科学管理的水平。所以，我们要注意，我们现在谈《百丈清规》并不是说要用它来管理现代企业，这是不现实的。我认为，在“术”的层面上，《百丈清规》也好，中国禅宗也好，是精细不过现代科学管理的，比不过工业文明创造的现代组织管理治理体系的；但是在“道”的层面上，我认为它是跨越时空的，超越了现代理性的科学管理，仍然具有划时代意义和价值。

我们经常讲，西方国家的科学理性管理推动了人类近300年来的快速发展和现代文明进步，但是走到了今天，面对这么一个万物互联的时代，其中的过度理性与理性的过度使用也带来了一系列问题，如人与人之间不可调和的矛盾、冲突，人们心灵的空虚、精神的贫乏，导致了组织的“内卷”和对抗，也导致了人在强大的系统力量中被异化为工具，从而失去创新创造力。

然而，禅的智慧，尤其是关于组织管理的智慧和思想，可以为我们思考“在智能文明时代应打造一个什么样的组织”提供启发。

三、禅宗中的组织智慧：了知自性、自在无碍

万物互联的数智时代，是一个无限不确定性与无限可能性交织的世界，企业应打造一个什么样的组织，才能应对外部高度的不确定性，才能让组织充满活力去创造无限的可能，使组织具有抗逆周期的生存力和持续的生命力？受禅宗智慧的启发，我认为数智时代，企业家应致力于打造一个有心性

的自在组织。

“心性”和“自在”这两个词都来自佛教与禅宗术语。所谓心性，也称自性，就是人本自具足的佛性。虚云大师云：“自性就是如来智慧德相。如来智慧德相为诸佛众生所同具，无二分别。”所谓“明心见性”，就是去掉自心的污染，实见自性的清净面目。而以禅宗为代表的佛教中国化，其核心要旨，就是心性化——由只注重抽象的理论思维与烦琐的名相分析的印度佛教，转向注重日常伦理与心性问题的中国佛教；从早期重禅定解脱，逐渐转向重内在超越，以“明心见性”为根本宗旨，这就是禅对心性的重视及中国禅的心性化。正如《六祖坛经》中说：“惟论见性，不论禅定解脱。”（《行由品》）“外于一切善恶境界心念不起，名为坐；内见自性不动，名为禅。”“外离相即禅，内不乱即定，外禅内定，是为禅定。”（《坐禅品》）

“自在”一词太了不得了，一部千古经典《般若心经》，讲的就是如何“观自在”，即如何认识自己。何谓观自在？星云大师解为：“用白话文说就是，你观照自己在不在？看看自己现在在不在？往往人是在了，可是心不在。或许有人说：‘我的心在。’但究竟是什么心在呢？往往是妄想心。”何谓“自在”？简单说就是心性的解脱，此心自在无碍；就是消除妄想，远离执着，了知自性，本来清净。“本来无一物，何处染尘埃”。“自”指本然、本来，“在”指存在、安住。“自在”意指回归本然状态，超越一切束缚，心无挂碍。与自在相对应的是不自在，不自在就是被许多外在力量牵着走，喜怒哀乐都被外在人、事、物所支配，像提线木偶般不由自主。

“自在”是禅宗修行者追求的般若境界，如星云大师所言：“人间有大自在”，又说，“自在最难得”。禅宗将自在分为不同层次。第一层次是 “心自在”，即内心不被外境所扰。第二层次是“身自在”，指身体不受病痛等生理因素困扰。最高层次是“法自在”，即对宇宙人生真相的彻底觉悟。

禅宗认为，真正的自在源于明心见性。

自在，不是散漫任性的自由，也不是放浪形骸的不羁，真正的自在，是内心觉悟的自然显现，是不被万物所转的随心自在。

如何将禅宗明心见性、自在无碍的智慧引入现代组织建设与管理中，西方国家的管理学研究者也有所研究。世界管理大师亨利·明茨伯格（Henry Mintzberg）曾提出建设“自在组织”的观点，他认为，组织是巡回路演，止于观境自在，作用于自在。明茨伯格把左右组织形态和力量的要素化解到极简维度，进而建议：将之随境组合，不拘成规。管理者始终在规矩中，但规矩为我所用，顺势变化而不逾规，从而建设出一个自在的组织。

只有致力于打造一个有心性的自在组织，使组织有活力、有适应力、有生命力，才能适应数智时代对组织的新要求，才能使企业家心安无碍，企业成长无碍。

明茨伯格提出的自在组织涉及五方面的内容。第一，管理者要学会“把玩”组织的基本部件，顺应环境和策略，不断拆解和组合。第二，组织的要义在协调，协调的基本模式也就是组织的七种形态。但是，管理者不能被形态约束，而要依情境灵活组合。第三，组织驱动力量并不复杂，管理者可以主动判断和选择主导势力，因势利导。第四，组织结构从属于战略的说法只适用于特定发展阶段。总体看，组织结构与战略之间是双向奔赴、相互作用、共同生成的关系。第五，先建立对组织基本形态和驱动力的深切理解，进而学会从心所欲但不逾规。

四、数智时代，打造一个有心性的自在组织

汲取禅宗的组织智慧，借鉴明茨伯格构建自在组织的观

点，我认为，只有致力于打造一个有心性的自在组织，使组织有活力、有适应力、有生命力， 才能适应数智时代对组织的新要求，才能使企业家心安无碍，企业成长无碍。有心性的自在组织长什么样？我认为可能会体现出以下六大特征。

（一）有心性、有灵魂的组织

所谓有心性、有灵魂的组织，是说这个组织有信仰、有灵魂，有自己坚守的价值观和坚定的使命感，是一个由觉悟者凝聚而成的有自性的生命体，而不是一个为财而聚，财聚人散，只谋一己之私的乌合之众的聚合体。

国内许多企业走到今天，我认为最大的问题就是过去太注重“术”，太追求做大，过于追求短期逐利，而没有建立起“道”，没有在“道”的层面上重塑整个组织，让组织有信仰、有心性、有灵魂，这就使得很多企业一夜之间做大了，但“命”不长；企业家赚了钱，没有安全感和尊严感，内心也不安，这是许多民营企业家普遍所面临的焦虑与困惑之根源。

为什么会出现这种现象？因为很多企业不是有觉悟的组织，也不是有坚定信仰和核心价值观的组织，才会出现为了追求短期利益，假冒伪劣、粗制滥造、欺骗客户、压榨合作伙伴、毫无底线赚钱的现象，很多企业靠在法规政策的边缘游走获取利益，钻政策的空子，靠投机去赚快钱，而不愿意赚正确的、需要时间积累的、难赚的钱。

赚钱的背后逻辑不符合“道”，不遵循“道”，即便是企业规模做得很大，内核也是空洞的，心也无法安住，就会导致企业赚钱了、规模做大了，企业家也没有安全感和尊严感。禅宗虽历经政权的多次“灭佛”行动和社会上的动乱，但禅宗始终坚持守望利益众生、普度众生的信仰和核心价值观，通过自我变革得到发扬光大，保持了旺盛的生命力。中国企业要实现高质量的发展，要构筑数智时代文明发展的底层逻辑，也要回归到信仰，回归到向善的价值观层面来思考如何实现持续成功和基业长青。

华夏基石为什么要提出以“长期主义、产品主义、利他主义、创新向善”四大价值观，来引领中国企业的转型升级与高质量发展？就是**我们呼吁中国企业不要再热衷于在“术”的层面上玩招数、耍诡计去取胜，而是要在“道”的层次上去获得心胜，回归初心，回归价值来重塑企业组织，构建企业组织发展的底层逻辑**。

企业要从挣容易的、来得快的、灰色地带的钱转向挣正确的、难的、阳光的钱。过去是通过“术”，通过工具方法赚到了钱，把事做准确了，但是企业做的不一定是正确的事，就像现在的很多互联网平台，让假冒伪劣产品充斥于整个平台，各种害人的产品充斥着市场，用大数据绑架消费者，剥夺消费者选择权。这些企业是赚了钱，但是赚的不是良心钱，赚的是不符合“道”的钱。按照褚时健所讲的，做企业首先要盈利，要有利润，但是褚时健所倡导的盈利的背后是要有好产品、好技术、好管理、好的人、好的组织支撑它。从这一点来讲，**我特别呼吁企业家要建立一个有信仰、有价值观的组织**。

从组织内部视角来讲，禅宗在百丈怀海的组织化改革之前，僧侣大多是托钵云游，靠供养生存，除了没有居所，还没有统一的仪式感，导致组织也缺乏神圣感和归属感。我们经常讲，仪式也可以是生产力，仪式感和神圣感可以激发人的激情和潜能，让人有强烈的归属感。组织既要有信仰、有价值观，还要有仪式感，才能充满激情，让每个成员感受到工作、生活的意义和价值。

一个组织如果能有信仰，把工作场作为道场，把当下所做的每一件事都能跟未来的使命连接起来，这个组织就一定有生命力，一定可以实现可持续发展，而不是赚了钱“命”不长，更不是赚了钱而失去了尊严和安全感。

（二）“从心所欲，不逾矩”的自在组织

组织的自在，首先是“从心所欲，不逾矩”的自在，是在组织的自然法则与人为法则、组织的激情与理性、人的主观意志和组织意志、人的自发行动行为与社会道德规范之间找到动态平衡，进行无障碍切换（巡回）的自在；是组织矛盾冲突的自动和谐、相互融合平衡的自在。这种在自主中实现秩序，在无我中达成协调，在无为中实现有为的自在正是禅宗智慧的境界，也是人与组织管理追求的最高境界。

正如明茨伯格提出的：管理者要学会“把玩”组织的基本部件，顺应环境和策略，不断拆解，依情境灵活组合，不拘成规。管理者始终在规矩中，但规矩为我所用，顺势变化而不逾规。这就是所谓“从心所欲，不逾矩”。“从心所欲，不逾矩”，指孔子在70岁时其道德修养与思想境界臻于化境的状态。70岁是主观意识和做人的规则融合为一的阶段，这一阶段思想和言行高度融合，自觉地遵守道德规范。以禅宗智慧来观照此语，就恰如《六祖坛经》所言“念念无滞，常见本性”。

纪律严明与规矩严肃是组织能力的根基，是组织“胜利之母”。

从企业组织管理的角度，要实现“从心所欲，不逾矩”的自在组织的境界，可从以下几方面入手。

1.企业家破除“我执”与妄想，回归心性本净，创新向善。企业家要破“我执”，超越“自由”与“守规”，“直觉”与“理性”，“创新”与“守恒”，“人治”与“法治”的二元对立，善于驾驭矛盾与悖论关系，把握矛盾双方辩证统一、动态平衡的度。既要弘扬企业家的创新创业精神，致力于将企业做大做强，又要控制自己的欲望，掌控企业成长的节奏，既要仰望星空，又要脚踏实地，依法依规经营，挣正确的、干净的、

阳光的钱。**这就需要企业家回归心性本净，才能经营好企业。**“随处做主，立处皆真。”如果企业家的心念如虚空不染纤尘，创新向善，全心全意为客户服务，其欲望和远大的目标追求，自然合于清净法性，虽随势而动却不离道体，这个道体就是客户价值与社会责任，企业的成长始终不离“道”，企业的发展就会走上正确的道路而不至于翻车。

同时，企业家既是规则与制度的倡导者、制定者，也要成为规则的率先垂范者、践行者、守护者。规则意识是许多企业家稀缺的意识之一。不讲规则，关键时刻出“老千”，是众多民营企业老板的经商习惯。中国许多企业之所以建立不起组织理性，根本原因是，许多企业老板对制度规则缺乏基本敬畏感，规则制度只用于控制、约束他人，自己却超然于规则之外，因而管不住自己的欲望和行为，个人凌驾于组织规则之上，随意拍脑袋决策，凭主观意志和个人喜好用人，最终企业做不大、走不远、活不长。所以任正非曾说：“制定《华为基本法》的主要目的之一，是要约束我，管住我自己。”

2. 将建立完善的纪律严明、规矩严肃的组织规则体系，作为企业长治久安的战略性任务。纪律严明与规矩严肃是组织能力的根基，是组织“胜利之母”。正如任正非提出的：“我们下决心花了这么大的代价让自己走向合规，就是在我们称霸世界的时候，不要让人家找到一个软肋，一击就击垮了。”

禅宗关于组织“规矩”的核心要义之一是要有规矩、要敬畏规则，而不拘泥于规则；规则不是为了限制，而是为了更好地释放人的潜能和创造力。如华为构建了十分完备的监督管理制度体系，有一支敢于冲锋、骁勇善战、敢于监管、具备识别风险意识、监管能力强的综合管理队伍，被称为“监管重装旅”。但华为监管不是“为了监管而监管”，而是“为了让千军万马上战场，有效控制风险，支撑业务有效运作和商业成功”。所以华为监管纲要提出：“与人为善，千军万马上战场，从关爱的角度实现监管。”

禅宗戒律有三个层次：根本戒（不可触犯）、菩萨戒（道德准则）、沙弥律仪（操作规范）。企业的规则分为两类：一类是硬性规则（不可逾越的底线），如法律法规、道德行为准则、华为的“干部八项规定”；另一类是柔性规则（可灵活调整的指南），如工作流程、操作规范、决策权限等。

3.“无住生心”，应机而现，实现组织“规则内化”，将制度与规则转化为角色的自发约定与自觉行为，构建“无矩之矩”的内化规则体系，让“无规矩处显真规矩”。禅宗的“无规矩之规矩”，蕴含着深刻的辩证智慧，既强调对本质规律的敬畏与依从，又倡导超越形式的束缚，只有内在自我约束，而非外在人为约束，才是心性文明的自然流露与自觉作为，组织成员如果不认同规则、不内化规则并自觉遵守，而与制度规则对着干，再完善的制度体系也会有漏洞可钻，最终也会被突破。既要尊重规则，又要超越规则，敢于打破不适应变化的旧规则、敢于掀桌子、勇于创新成长。

禅宗以“无住”超越对规矩的执着，主要表现为：①**“规则如筏，过河则舍”**。禅宗认为，规则如同渡河的筏，其意义在于服务目标而非成为枷锁。企业制度、流程的目的是保障效率与秩序，但若固守形式而忽视本质（如客户需求、创新动力等），规则便成了障碍，管理者需要像禅者般“用而不执”，在必要时灵活应用与调整规则。②**以“空性思维”，洞见规矩背后的本质**。禅宗讲“万法皆空”，并非否定规则，而是看透规则的本质：规则要服务于客户需求，服务于企业的生存和发展，如流程和制度设计的本质是一切以客户需求为中心，如果流于形式，流程冗长、审批烦琐，则需回归“客户需求”，简化流程。③**“以无常为常”，构建动态规则**。禅宗直面“诸行无常”。企业既要坚守规则、严格执行规则，亦要承认有些规则必然会过时，需要动态调整和修订，如亚马逊推行“逆向工作法”（从客户需求倒推流程），定期重构规则体系，而非追求恒定不变的制度。

4. 在“戒定慧”中动态平衡“守”与“破”。“戒定慧”是禅修的核心内容，引申到组织制度体系的完善与优化中，有几点需要注意的。①“戒”，以规则构筑组织理性之基，建立组织秩序；《百丈清规》就是始于持戒（如坐禅规范）。②“定”，在动态中保持核心稳定。禅宗强调“动中禅定”，企业需要在变化中锚定核心价值观，如华为锚定“以客户为中心”的核心价值观，让流程与规则围绕客户这个中心来展开。③“慧”，以觉知突破规则的局限。禅宗的顿悟源于对现实的直接洞察，“答案在现场”，企业要信任并授权给一线员工，直面问题，创造性解决问题，而非机械套用流程，如星巴克允许店员在顾客不满时免费提供饮品（超越标准流程）。总之，企业管理的最高境界就是动态平衡“守”与“破”，让守规与创新自然统一。

既要尊重规则，又要超越规则，敢于打破不适应变化的旧规则、敢于掀桌子、勇于创新成长。

以禅心来“守规矩”（敬因果，守底线，遵行规律）、“破规矩”（劈开观念枷锁，直面本质，动态迭代）、“离规矩”（超越规矩，无矩之矩），便能在秩序与自由之间游刃有余，达到“从心所欲，不逾矩”的境界。

（三）具有高度灵活性、适应性和流动性的、像水一样的自在组织

禅宗智慧与水的意象之间有着深刻的哲学关联，禅宗视域下的水哲学，对智能文明时代的组织形态有重大启迪作用。像水一样的自在组织有哪些特性？

第一，“流动不居的觉性”。水流不执着于特定形态的特性，恰如禅者破除我执，随缘应物的智慧。自在组织不拘泥于任何固定的形式，而是在方向大致正确的前提下，随客

户需求、随目标与工作任务而变。如硅谷科技公司的“液态团队”（Liquid Team），通过项目制动态重组打破部门壁垒，恰似水流遇容器而变形的特性。

第二，“流水不腐”与“歇即菩提”的留白智慧。组织的活力来自活水，活水需要吐故纳新、清淤疏浚、过滤等方式方法保持清澈，华为的末位淘汰机制与“熵减”人才激活理论，谷歌20%自由创新时间的设置，都暗含了禅宗“歇即菩提”的留白智慧与“流水不腐”的生态智慧，以防止组织水体成为“一潭死水”。

第三，刚柔并济的自在个性。“随流认得性，无喜亦无忧。”水遇石则绕，遇洼则盈，看似柔弱、平静，却可浪涛拍岸，滴水穿石。水的刚柔并济的自在个性启迪我们，组织是激情与理性、灵活与原则、严肃与活泼的自在平衡，面对智能文明时代的高度不确定性，组织在不同情景中既要灵活、敏捷应对，又要回归初心，做好自己，打造内在的组织力量。

第四，“万川归海”的禅机。水的自在，既体现了个体溪流的独特性，又融入万川归海的共生平台。在数智时代，“平台化＋分布式”组织成为一种主流模式，正是万川归海禅机的真实写照。

（四）解放人才，让人才有觉悟、见自性，自由创造与成长

人是组织的核心，只有“人自在”，才能激发人的内在活力和创造力，组织才能有自在的活力、协同力和生命力。“自在”是禅宗的核心智慧，强调人通过觉悟本心、超越二元对立，达到无拘无束、自然本真的生命状态。其核心要义包括：

1. 破除我执，回归自在本心。“应无所住而生其心”，真正的自由是心不依附于任何外境，如行云流水般自由无碍。“本来无一物，何处惹尘埃”（六祖惠能），放下对外在的攀缘与内心的妄念，回归本心的清净无染，自然得解脱自在。

2. 活在当下，平常是道。禅宗的自在并非追求超凡脱俗，而是融入日常生活的每一刻，快乐活在当下的自在。

3. 超越对立、圆融无碍。禅宗以不二法门消解矛盾，所谓“烦恼即菩提”，痛苦与觉悟本是一体， 真正的自在来自对二元对立的超越，接纳一切，而非选择、抗拒或逃避，方得大自在。

4. 顿悟成佛，直指人心。禅宗主张通过直觉体认而非逻辑思辨达到自在，反对形式化的修行，认为刻意追求“自在”，反而会成为枷锁。无修之修，自然天真，觉悟本性的刹那，一切束缚自然脱落。

5.“一日不作一日不食”的自在。只有自食其力，自己养活自己才能心安自在。

6.“见天地、见众生”，才可以有生而为人的“大自在”。只有高度的自觉、自愿、自力、利他才能有大自在。“人是目的，不是工具”“是人不要管，用管不是人”，人要有大自在，分分钟有扎实的东西，才能激发人内在的潜能和创造力，才能为组织和社会创造价值。自在组织给有觉悟的人才信任与发挥才华的机会与舞台，让人才按照自己的本性自在成长。

自在组织如何激发人才心性，让人才觉悟自己、解放自己、自在成长？

（1）唤醒人才的使命和价值观，激发人才的内在动力，鼓励员工自我设定绩效目标与个人成长目标。正如稻盛和夫在京瓷的实践，将人才培养成为“自燃型”人才，可以把自己烧得通红，坚信事业“必能成功”，主动去挑战、去担责、去奋斗。特斯拉通过“加速世界向可持续能源转变”的愿景凝聚人才，如在研发中强调技术突破的社会价值（如零排放汽车对气候的影响），激发员工使命感。

（2）减少层级，打破边界与壁垒。组织结构扁平化，减少管理层级，打破“官兵”界限，打破部门壁垒，去中心化沟通与协作，建立跨层级、跨职能的协作机制。如特斯拉的定期跨层对话：马斯克直接参与技术决策，基层工程师可直接向他提交技术提案，缩短决策链路；“Talent Week”研讨会，员工与高管直接讨论战略问题。再如美国晨星公司，无固定管理者，员工通过“同事理解备忘录”明确职责和绩效指标，并与同事协商达成一致。

（3）**给予员工充分信任与自主权，权力下放，明确目标而非路径**。允许员工自主决策，小人物成就大事业，关注“微创新”与“边缘创新”。如奈飞公司（Netflix）的“无休假政策”，员工自主决定休假的时长，无须层层审批，以信任文化取代管控思维。再如特斯拉鼓励员工挑战权威，允许团队在电池设计中推翻原有方案，采用第一性原理重新设计降本路径。

（4）**从控制到自在，从“指挥官”到“赋能者”**。管理者的主要职责不是指挥、命令、控制，而是倾听、理解、赋能。如亚马逊“逆向工作法”，决策从基层员工撰写“新闻稿”和“FAQ”开始，高管负责提供资源支持而非直接指挥。微软的纳德拉上任后坚持在微软提倡“共情式管理”，这源于其个人经历：纳德拉的儿子扎恩因脑瘫需要终身护理，这段经历让他深刻理解“痛苦无法量化，但值得被看见”。他将这种体悟转化为共情式管理哲学，主要体现在：第一，将非暴力沟通制度化，要求高管在批评时聚焦“观察—感受—需求—请求”四要素。例如，他发现某团队因过度追求 KPI 导致产品缺陷后，不是指责，而是询问：“如果我们更关注用户安全，会怎么调整测试流程？”第二，正念领导力的实践，纳德拉每周都会进行 15 分钟“正念冥想”，并将这一习惯引入高管培训。他要求董事会成员在决策前进行“情感预演”，评估方案可能对员工、客户、合作伙伴产生的心理影响。

（5）**信息透明反馈机制，通过透明沟通消除信息壁垒，实现即时共享**。如谷歌的“TGIF 会议”，每周五员工可直接向高管提问，问题透明公开，甚至涉及战略调整和高管决策，打破信息垄断。微软的共情式管理中还有一个信息民主化创新，CEO 纳德拉每天与全球合作伙伴 CEO 通话两次，每周与初创企业创始人圆桌对话，并且通过“创意黑客松”收集普通员工建议。这种“分布式决策”机制使微软在 AI 领域提前布局——2016 年与 OpenAI 的接触，正是源于一位产品经理的提案。

（6）**人人平等，平权劳动，淡化官位，营造平等气氛。**提供平等机会，让人人都是价值创造者，要让每个人都能充分展示自己的才华和价值。如字节跳动从老板到各级管理者都没有专门办公室，管理者均深入一线帮助解决问题；倡导“直呼其名”的文化，禁止使用“总”“哥”“姐”等称呼，全员使用英文名或花名，消除形式化等级标签。

（7）**鼓励创新与改进，包容失败。**主要举措有建立“心理安全”的创新文化；为创新提供资源支持与创新自由度；设计容错机制与失败复盘流程；设计创新激励与长期回报绑定，将创新成果与晋升、奖金、股权挂钩；区分“无知失败”与“聪明失败”，奖励基于数据和逻辑的失败，严惩重复性错误等。如谷歌“庆祝失败”活动，定期举办“失败派对”，团队公开分享失败项目经验，高管颁发“最佳失败奖”，强调“快速失败，低成本试错”。

人是组织的核心，只有“人自在”，才能激发人的内在活力和创造力，组织才能有自在的活力、协同力和生命力。

（8）**尊重人才个性，对高潜质人才进行长期投资培养。**核心是将个体差异视为创新源泉，接受人才的不完美，用人不求全责备，人无完人，优点突出的人，缺点也突出，善用“天才级”个性人才，制订个性化人才开发与培养计划。具体策略可包括以下内容。

①包容个性与独特性，发挥其优势，弥补其短板，通过团队协作或外部资源支持弥补人才缺陷（如沟通能力不足），如特斯拉的“技术 + 管理双轨制”，为技术天才配备专职项目经理，负责沟通协调，让专家专注于技术突破。

② 通过灵活的管理机制和个性化支持，帮助他们在组织中实现价值最大化。如为天才级人才提供无压力、无 KPI 压力的工作环境，允许其以独特方式工作与行动。

③量身定制角色与目标，如苹果项目组为天才设计师设立独立实验室，奈飞的天才级人才可自由选择项目并设定目标。

④长期投资，培养未来潜能。华为的“天才少年计划”，为顶尖毕业生提供高薪和 5 年“保护期”，允许其自由研究非常规课题，失败不追责。个性化激励，认可独特贡献，根据天才级人才的需求设计激励方式，如奥多比（Adobe）取消年度考核，天才级人才可自主选择奖励方式（如假期、课程赞助或项目主导权）；耐克推出“个性化勋章体系”，天才级人才完成挑战（如设计突破）可获得定制数字徽章，并兑换相应资源（如与顶级设计师合作机会）。

（五）开放合作，碳硅协同、跨界融合、圆融自在的组织

在数智时代，虚拟与现实、软件与硬件、精神与物质世界高度跨界融合；人机物三元深度连接交互， 产业、企业、组织、人与社会构成新场景、新生态。数字人、硅基人成为组织新物种与价值创造新要素……用经典的科学理性思维已经难以解释和认知这个复杂而高度不确定的万物互联的新世界。然而，禅宗的不二法门与圆融自在智慧，为我们认知和把握这个万物互联的新世界打开了一扇天窗，借鉴禅宗智慧

可开启人类社会的组织新形态。

一个开放合作、碳硅协同、跨界融合、圆融自在的组织会体现出以下特征。

1. 内外能量交换。建立开放架构，保持组织开放与外部能量交换，以更加开放的姿态，融合全球技术构建生态，炸开人才金字塔，构建开放式人力系统，以全球能力中心的人才布局，链接世界智慧。组织文化将更加透明、开放、包容和创新。

2. 相互渗透、跨界融合，你中有我，我中有你的生态共生。打破传统组织边界，构建跨界融合、多维共生的新型组织形态，比如：①从“围墙”到“膜”，组织边界不再是刚性壁垒，而是可渗透的“膜”，允许资源、信息、人才自由流动。组织边界模糊，跨职能团队成为常态。②角色自由置换与流动，组织成员不再局限于单一角色，员工可同时参与多个项目，可以根据项目需求自由切换身份，担任不同角色。③目标协同化与透明协作：组织目标从单一组织利益最大化转向产业价值链与生态系统整体价值提升。依赖飞书、Slack 等协作工具，以及区块链、云计算技术，实现透明化协作，确保信息透明且实时同步。④自治团队与网络化协同，动态资源分配而非固定预算制。⑤通过共识机制或规则自我约束，而非传统科层管控。⑥无边界创新，由以硬件为主导的线性创新，到软件定义的网络涌现式创新，打破组织边界，构建全球网络创新生态。如英伟达构建起“以 CUDA 生态为核心、开源技术为触角、全球开发者网络为根基”的无边界创新组织，“核心团队 + 开发者社区”双轨制：内部团队维护 CUDA 基础架构，外部开发者贡献算法库（CUDA 开发者超 500 万，形成全球最大并行计算开发生态）。

3. 平台化 + 分布式、组织力量与个体力量的交织融合的自在。平台化 + 分布式是数智时代与生态化战略相适应的主流组织模式。平台化组织的核心是“集中共享资源、赋能前台（一线）”，分布式组织的核心是“责任下沉，权力下放，激发活力，让听得见炮声的人决策”。两者的圆融自在结合既能通过平台化实现资源集聚、规模效应，并为一线赋能，又能通过分布式保持组织的敏捷性与一线集成综合作战能力。同时将组织平台集中配置资源的力量，为一线及个体赋能的力量与个体自主单兵作战的力量交织融合，共同构建组织打胜仗的战斗力。

4. 人、机、物高度交互融合。组织是人机互动连续体，是碳基人与硅基人协同共生的自在组织。随着 AI 技术的进化与应用，硅基劳动力全面入场，成为组织的新生产力，它意味着碳基人（人类）与硅基人（人工智能或数字人）共生协同时代的来临。人类在想象力、创造力、情感共鸣、伦理判断和悖论决策等方面具有不可替代的优势，人类的直觉、灵感和文化价值判断是硅基人难以完全模拟的。

在数智时代，虚拟与现实、软件与硬件、精神与物质世界高度跨界融合。

硅基人在数据处理、知识整理、快速学习、全天候工作和高精度、高危险、高强度任务执行方面表现卓越，它们可以承担重复性、知识密集型或高风险的工作，为人类腾出更多时间专注于创造性工作。我们可以以禅宗智慧来引领碳基人与硅基人的共生关系。第一，禅宗强调“无分别心”，认为万物皆有灵性，万物本质相通，可以相互理解和协作，碳基人与硅基人将形成互补的“智能伙伴”共生关系，而非简单的工具与使用者关系。第二，构建人机协同与立体作战平台，平台化组织模式将碳基人与硅基人纳入同一协作网络，企业需要构建“碳基人 + 硅基人”混合团队，优化人机协作流程、提升整体效率。例如，企业可以通过“大平台 + 小微组织”的模式，让人类团队与AI 团队共同完成任务，实现资源的高效配置与整体战斗力提升。第三，禅宗强调“明心见性”“心性觉悟”，即通过觉悟认识自我与世界的本质。碳基人与硅基人在协作中应不断反思与学习，理解彼此的需求、优势与局限，推动共同进化。硅基人通过深度学习模拟人类情感，增强与人类的互动体验，如数字医生可以模拟共情能力，为患者提供更人性化的医疗服务。要确保人类在共生关系中的主导地位，人类需要快速学习，不断提升自身的能力，以及应用 AI 与 AI 协同创造价值的技能。

5. 既“有”又“无”，超越“有”似见“无”的组织自在。禅宗“既有又无”的智慧来源于“空性”哲学，强调事物本质的非二元对立性，既承认现象的存在，又否定其固定不变的自性，这种超越对立、悖论辩证、动态平衡的思维模式，为我们认识数智时代的组织模式带来深刻的启迪。①**结构性与灵活性：形与空的统一。**组织既需要明确的架构与规则（“有”），又要保持开放的弹性与灵活性（“无”）。②**控制与放手：执与放的平衡，**既要“控得住”，又要“放得活”，在禅宗“执杖牧牛”的公案中，牧童既要用绳子引导牛（控制），又适时松手让牛吃草（放手）。③**终点与当下的融合：**既要“长期主义”，又要“活在当下”；组织需确立长远目标与愿景，既要引领组织成员朝着共同的正确方向前行，又要专注于眼前的每一项工作任务的完成；禅者追求“开悟”，但真正的修行却在每一个当下的专注中完成。④**规则与人性化：法度与慈悲的共存。组织的力量来自两个方面：**一是组织制度规则的理性力量，二是人性释放的激情力量，两种力量融为一体才能构成组织整体活力与战斗力。制度规则是必要的(“有”),但执行需要融入人性关怀(“无”)。海底捞既有非常精细的标准化服务流程（“有”），又让员工依客户需求有自主决策权（“无”），既保障服务质量的稳定，又通过信任激发一线员工的积极性。⑤**存在感与无我**：领导者既需展现存在感，在重大战略中实现权威决策（“有”），又要避免自我单一中心，“让听得见炮声的人去决策”（“无”）。⑥**组织与个体：既要强调组织能力，又要承认个体力量**。⑦**欲与空的调和**：“饥来吃饭困来眠”，不否定基本需求，但要超越对欲望的执着，因此，组织既要通过物质激励满足人的物质需求（“有”），又要赋予工作意义感，满足人的精神价值体验需（“无”）求。既要分好钱，更要分好权与感觉。⑧**常与无常的共生**：组织既要以内在确定性去应对外部不确定性，又要回归初心与本质，致力于打造核心能力，还要拥抱变化、主动变革创新。“诸行无常”，但“空性”中蕴含无限可能。总之，组织管理既是科学的（理性），又是艺术的（感性），是理性与感性的动态平衡与完美融合。组织管理的最高境界正是“应无所住而生其心”，在清晰的规则中保持灵动，在坚定的目标中包容无常，既要“管得住”，又要“放得活”。

（六）自观、内省，自我批判、自我超越的自在组织

禅宗的智慧以直指人心、见性成佛为根本宗旨，其自观、内省与自我超越的实践构成了独特的觉悟路径，也为数智时代，如何以内在的组织活力、战斗力、生命力，自在无碍地应对外部的高度不确定性带来深刻启迪。

1. 自观与认清本身，照破妄念的般若之镜。禅宗的自观并非寻常的自我审视，而是“无念为宗”的直观体认，强调“如实观照”，要求修行者直面当下，不逃避、不粉饰。组织要突破成长障碍、变革创新成长，就需要更好地理解组织本身，直面组织的现状、问题与变革阻力，破除组织惯性，既不沉溺过去的成功模式，也不盲目追风口、赶时髦，而是以简单直接的方式，揭示组织运作与成长中的深层问题，通过持续的自我观察，识别那些阻碍变革的隐性障碍（如

部门壁垒、沟通隔阂、变革创新恐惧等），并快速采取变革行动。

2. **内省与自我批判。**禅宗强调“明心见性”，即通过内省来认清事物的本质和自身真实的内心。自观更多的是观照自我，直面问题；而内省更多的是强调刀刃向内，自我反思，自我批判，突破固有思维与模式，以实现组织创新成长。如华为的自我批判机制是华为企业文化的核心组成部分，是其对抗“四大组织黑洞”（官僚主义、山头主义、腐败、惰怠）的锐利武器，也是其持续创新与组织永葆活力和生命力的机制制度保障。正如任正非所言：“没有自我批判，就没有华为的今天；没有持续的自我批判，也不会有华为的未来。”

组织管理的最高境界正是“应无所住而生其心”，在清晰的规则中保持灵动，在坚定的目标中包容无常，既要“管得住”，又要“放得活”。

华为的自我批判机制主要有以下内容：①民主生活会。华为要求中高层管理者每季度或半年召开民主生活会，参与者需直面问题，坦诚批评，包括任正非本人也必须参与，会议遵循“讲自己、讲主观、讲问题”的三讲原则，避免相互指责，聚焦自我反思。②“心声社区”，被称为华为内部的“罗马广场”，员工可匿名发表对公司政策的批评建议。③“蓝军参谋部”，其核心职能是通过模拟竞争对手或极端市场环境，批判现有战略（“红军”）。④审计与问责制度。⑤“三步流程法”与“价值管理闭环”。“三步流程法”即反思、总结、改进；“价值管理闭环”即 价值创造、价值评价、价值分配“三位一体”，形成闭环，通过绩效管理体系将自我批判与激励机制挂钩。

3. **自我超越与跃迁成长。**禅宗自我超越的智慧强调以内心的修炼，觉察当下，放下执念，追求无我境界与心灵成长，实现个人的整体升华。将禅宗自我超越的智慧融入组织变革与进化，企业可以在变革中实现内在成长与外部适应性的统一，实现可持续的进化与超越。方法上有以下建议。

①**走出连续性经验曲线，摆脱对成功模式、规则和成功经验的过度依赖，以开放心态拥抱变化，主动变革**。这就需要组织突破思维局限，突破连续性成长局限，发掘一切可能，去做不可能，实现跃迁成长，使组织与人进入更加自在的创新创造境地。②**无我境界，超越个人与局部利益，强调整体协同，以客户为中心，将客户利益置于组织利益之上**，驱动变革方向，如苹果以用户体验为核心，推动硬件、软件和服务的无缝整合，提升客户一体化体验。③禅宗崇尚直击本质，追求简单、自然、极致。**组织应回归客户价值本质，祛除冗余，聚焦核心价值与核心能力**。如特斯拉采用第一性原理，跳过传统汽车制造与供应链流程，直接设计电池技术，大幅降低成本；苹果产品线极度精简，确保团队专注于核心创新。④**持续进化，接受“无常是常态”**。数智时代，需要提高组织学习速度，动态学习，学习如何做出新生事物，以及利用新技术掌握学习的方法。建立试错与迭代机制，将失败视为学习机会，快速迭代优化。⑤**超越丛林法则**，追求竞合与和谐共生，以生态系统思维与合作伙伴共建生态，实现共赢。最后，有心性的自在组织，不是乌托邦，也不是梦幻泡影，它是以禅的空性智慧与入世精神，响应人类内心对美好生活的追求，响应时代巨变中人性深处的需求：回归清净无染本心，过无碍自在的人生，响应技术更迭和时代变换给人带来的不确定、焦虑无措，以及万物互联世界对人类组织提出的新挑战、新问题。

建设有心性的自在组织也并不虚无缥缈，无可把捉。正如我一再强调的，禅是与自我内心对话、与全人类对话、与数智时代对话、与全世界对话的智慧，它既是跨越时空的宏大，也是当下具体的实在。因此，**建设有心性的组织既可有方法，也可无方法**：有方法，正如我前面列举的从思维认知到企业实践中的方法举措，也不是要否定科学管理行之有效的方法工具；无方法，就是一切方法工具终归还是在“术”的层面，从“道”的层面上来讲，可能就在企业家“万缘放下，一念不生”的顿悟之间。

视野

CHINA STONE

在城乡转型的集体焦虑中，县域经济既能成为安顿身心的新场域，也可作为应对外部挑战的战略支点。

——周立

企业家的决策力

■ 作者 | 刘敬辉

德鲁克在《为成果而管理中》指出，如果不知道关键决策内容而随意拍板，那么错误的答案是不可避免的。

社会本身总是充满不确定性，企业面临的挑战与日俱增，企业家常常长期陷入决策焦虑。面对重大的决策时，企业家最常见的做法是“拍脑门式拍板”，完全忽视了决策的风险和过程。企业的决策系统，建立在德鲁克现代管理理论的研究对象“人与权力”(People and Power)上、聚焦于“价值观—治理结构—规范规则” (Values-Structure-Constitution)，是企业文化的重要组成部分。本文重申德鲁克现代管理决策，意图帮助企业建立有效的企业决策文化。

一、为什么学习德鲁克的有效决策

决策是一个经历不同时代的研究专题。结合全球新冠疫情与 2025 年贸易战，我想从不确定性中和企业家面临的困境中，重申德鲁克的有效决策系统，即企业家手中的决策权如何有效发挥作用。学界早期的决策研究存在两大分支：一个是数学的科学分析，以 20 世纪 50 年代哈佛大学教授霍华德·雷法（Howard Raiffa）的《决策分析研究》为代表，把不同层级的决策细分为决策点，并形成“决策树”理论；另一个是心理学的分析，侧重分析投资者心理的投资决策，当前代表性的研究成果是“参与性决策”（Negotiation

Analysis）理论。

从企业家和高管的企业界来看，我搜集了美国10大顶尖商学院企业家培训课程（Executive Education）发现，决策是一门独立的高级培训必修课。比如，哥伦比亚大学强调的是如何克服企业家个人过分主观决策的盲区；芝加哥商学院是从经济学的角度分析决策；美国西北大学的营销管理中的决策，注重顾客的决策心理，也就是说决策者要知晓顾客的购买决策过程；斯坦福大学的决策课程侧重分析消费者的决策过程和行为动机，依据消费者的需求进行创新设计。

现代管理之父、管理大师德鲁克对决策的研究具有持续性——从1954年《管理的实践》的出版起，历经50年迭代形成完整的有效决策模型系统。依据2001年版的《德鲁克管理精要》，**德鲁克的现代管理体系分为三大部分：第一部分是组织管理，第二部分是作为知识工作者的个人管理，第三部分是感知社会的认知管理。**德鲁克有效决策属于第二部分作为知识工作者的个人管理内容，主要观点节选自《卓有成效的管理者》但有修改。德鲁克亲自讲授有效决策培训课程，帮助企业家运用德鲁克决策模型，掌握决策三大能力，成为有效的决策者。在和中国企业家培训互动中，企业家反映，德鲁克的决策模型和理念很实用并能落地自己的企业：如商业版图拓展决策、金融投资决策、产品技术革新决策、人事决策和市场决策等。

国家层面的决策：占卜、决策与早期的决策者

决策需要面对的是大量的不确定性因素（Decision Making Under Uncertainty）。中国古人对不确定性的认知最早来自变化无常的自然现象，如天气突变、战争、疾病和死亡等不可控因素，由此产生恐惧和焦虑。与决策相关的最早文字记载可追溯至中国甲骨文——来预测吉凶，以此辅助决策，如是否发动战争等。与龟甲占卜并列的是蓍草占卜法，

实际是早期通过简单统计与概率推演未来吉凶的决策方法。

掌握占卜知识并为帝王提供决策依据的官员被称为卜官。卜官的工作就是在王和祖先神灵之间传递信息，祈求庇佑并辅助决策。由于需要在龟壳和兽骨上刻字，占卜工作只能由识字的知识人团队承担。垄断整套龟卜技术和解释权的卜官因此成为最早的知识垄断阶层和决策参与者。

随着国家治理对决策需求的激增，饱读诗书的知识人，逐渐展现知识优势，逐步取代仅靠卜算为生的卜官。春秋战国时期，“君主 + 能臣”的决策组合成为最有效的富国强兵的国家管理模式，如周文王和姜子牙， 齐桓公和管仲，吴王阖闾和孙武，齐威王和孙膑等经典决策组合。这一时期，诸侯国的决策主力多是兵家出类拔萃的代表。秦朝是嬴政与法家李斯的决策组合，但是仅存 15 年就灭亡了。汉朝，国家的决策人员主要来自受过儒家经典训练，并通过察举制选拔的人才，形成中央决策群体辅助帝王决策，和“皇权不下县”级的相对独立决策事务的“地方官与乡绅”组合，最终演化为中国特有的文官制度 。该制度在世界范围内是先进的国家治理模式，之后通过印度传到了英国。德鲁克曾提及，中国是最早建立文官体系的国家。

德鲁克的现代管理是实践的学问，在理论与实践方面，理论跟从实践，实践决定理论。

企业层面的决策：风险与责任

德鲁克的现代管理是实践的学问，在理论与实践方面，理论跟从实践，实践决定理论。进一步说，实践淘汰了过时的理论。德鲁克的有效决策建立在企业的实践之上，决策学说跟从两个大企业决策模式：一个是贝尔电话公司的总裁西奥多·威尔的决策实践，他在1910年到1920年使贝尔电话公司成为最大的私营企业；另一个是通用汽车的总裁阿尔弗雷德·斯隆在1923—1956年建立了世界上最大的制造企业。贝尔和通用都实行了分权结构，企业的决策建立在分权理念和分权结构的基础上。

第二次世界大战后大型企业崛起，20世纪70年代之后，美国涌现了大量的中小企业。企业和国家一样，无时无刻不在变化和未知风险中——市场的变化、政策的调节和国际形势的变化。企业家需要承担决策后产生的所有后果，肩负公司生存的责任。不确定中没有平等的游戏，信息不对称是常态，且信息和情况在不断变化，企业家必须在重压下独立判断和决策。

企业家的所有决策都要经受市场的长期检验。决策没有百分之百正确的选项，企业家不需要对自己和团队提出百分之百正确的要求，因为人的能力圈具有局限性。在经济形势好的情况下，企业家大部分决策的确定性比较高，但是容易养成对决策能力的过度自信，反而加大了决策的风险性。这就是为什么在投资领域的决策，会让投资者毁于一旦。例如，2021年韩裔美国投资家黄圣国（Bill Huang）的家族投资办公室基金（Archegos），资金规模曾经达到100亿美元左右，通过杠杆借入总金额超过1000亿美元资金。黄圣国对一些锁定的上市公司采取集中持股的策略，随着所持部分股票大跌，黄圣国2021年3月出现爆仓，从而引发了银行的追加保证金通知，随后银行强制平仓逾200亿美元的股票。黄圣国于2024年被判监入狱11年。

企业的发展是一个经验累积和决策迭代的渐进过程，其中蕴含着某些规律性常识，但是并不是每个企业家都拥有的常识。太多企业家盲目押注“热”的东西，头脑发热，甚至不惜一切代价。然而，经济学家亚当·斯密提出，市场作为“看不见的手”，会把“热”变“冷”，会戳破所有的狂热引发的泡沫。整个市场规律从来如此，泡沫的随时破裂正是不确定性的结果。

二、德鲁克的现代管理决策力

德鲁克认为，决策的核心是战略决策，他指出，制定公司政策决策和公司总体战略决策是企业家的两项重要任务与责任。德鲁克曾提到，1980 年哈佛大学迈克尔·波特在《竞争战略》中提出的理论和他的思想相契合。决策是对不确定性下潜在风险的警觉——有些业务是不是在企业能力圈里，如房地产企业要不要投资影视剧。成功的喜悦，会把人的赌性和草率激发出来。作为企业家，要从理解人性、尊重个体、发挥人的长处开始，而不是从攫取更高利润开始，可惜做到这一点的企业家不多。德鲁克认为，企业家个人的一些见解和判断也很重要。有效的决策是可以学会的，也是必须学习的。企业家可以通过学习扩大和加强自己的能力圈，发挥出自身所长。

关键战略决策（1964 年）

德鲁克 1954 年出版的《管理的实践》，专为第二次世界大战后出现的越来越多的经理人群体提供管理的相关知识，并首次探讨决策议题。第二次世界大战后，西方国家的企业中涌现的大量经理人主要由两类知识背景的人组成：一类是技术出身的工程师，逐步走向领导岗位决策层；另一类是退伍的军人及军官，受《复员军人法案》政策支持，享有免费高等教育福利，毕业后进入企业，成为领导层与决策层。美国与巴菲特齐名的查理·芒格从美国军队退役后，依据《复员军人法案》进入哈佛大学法学院攻读法律博士，毕业后在加州创办律师事务所，同时投资房地产，最终转型为专业投资人。

1954 版的决策理论围绕的中心是如何解决问题

（Problem-solving），决策是针对问题提出多种备选方案并择优选择。1957 年，德鲁克在《明日地标》中，针对 20 世纪 50 年代至 60 年代出现的知识工作者比例逐渐增多的现象，提出知识社会和知识经济的概念。在此理论基础上，1964 年德鲁克在《为成果而管理》中进一步讨论聚焦企业家关键战略决策系统，包括以下三个内容。

（1）关键战略决策系统的第一个内容是提出切实有效的经营构想，核心在于回答德鲁克的经典三问：企业目前经营的业务是什么？ 企业未来应该经营什么业务？企业原本应该经营的业务（和理念）是什么？

德鲁克认为有效的决策是可以学会的，也是必须学习的。

（2）关键战略决策系统的第二个内容是企业所需的独特优势。需重新审视企业的优势，特别是企业在知识领域的差异化优势，并依据市场和企业结构等因素，强化企业赖以生存的独特优势。

（3）关键战略决策系统的第三个内容是面对企业的各类问题，企业家需要学会优先排序决策。

卓有成效的决策（1967 年）

《卓有成效的管理者》是德鲁克著作中发行量最大的一部，中国企业家大部分是从这本书开始接触德鲁克思想的。德鲁克在书中将有效决策置于时间管理之后，强调决策者和企业家应将绝大部分时间或最重要的时间用于战略性决策，这是时间管理与决策之间的关系。管理者不需要频繁做决策，也不应将大量时间用于决策。真正的决策是少而精的，且通常是战略性决策。书中系统阐释了知识工作者的概念，并将其作为有效管理者的研究核心，聚焦决策是过程（Process）的 “步骤要素”。德鲁克强调：知识工作者既是决策者也是管理者， 需在发挥自己长处的自治基础上实现自我管理；决策者的核心职责并非每天忙于解决各种问题，而是关注战略性和未来发展方向的重大决策。

从初始节点开始，有效管理者就要做正确的事， 从而进行有效的决策。

有效（Effectiveness）是指做正确的事（doing the right things）； 有效率 (Efficiency) 是把事做正确（doing things right）。德鲁克认为，决策的根本使命就是做正确的事，有效管理者是把正确的事做正确。 同时， 德鲁克指出“有效是可以学会的，也是必须学习的（Effectiveness can be learned—and it also has to be learned）”。德鲁克提出，每个知识工作者都是管理者，都应掌握决策方法论，有效决策过程包括五个步骤要素：

（1）了解问题的性质，如果问题是经常性的，那就只能通过一项建立规则或原则的决策才能解决。 德鲁克提出，通常问题都是经常发生的问题，用公司制度即可解决。

（2）找出问题的“边界条件”(Boundary Condition)，也就是决策的目标和解决问题的上限和下限的区间。

（3）思考解决问题的正确方案是什么以及这些方案必须满足哪些条件，然后再考虑必要的妥协、适应及让步事项，以期该决策能被接受。

（4）决策方案要同时兼顾执行落地措施，让决策变成可以被贯彻的行动。

（5）在执行的过程中重视反馈，以印证决策的正确性及有效性。

有效决策是德鲁克于 1967 年提出的相对成熟的有效决策系统，管理学从此跳出“管控他人”和“被动执行”的窠臼。1973 年，德鲁克在《管理：任务、责任和实践》一书中，沿袭了 1967 年的决策框架，并强调了倾听不同意见对有效决策的作用。1985 年，德鲁克在《创新和企业家精神》一书中指出，企业家战略属于决策范畴， 提出了具体的创新战略决策。

《德鲁克管理精要》中三大决策的技巧

2001年，德鲁克在《德鲁克管理精要》一书中，对决策进行了进一步总结，归纳了五步法决策模型（Decision-Making Skills）及重大战略决策的三大问题。

五步法决策模型：

（1）问题分类：对于重复性问题，需要建立规则与原则进行决策。

（2）边界条件与目标：确立并满足最低目标的边界条件与上下限的范围区间。

（3）正确的妥协：坚持在“做正确的事情”的前提下妥协。

（4）落地实施：落实执行决策的责任人与具体行动。

（5）反馈复盘：用实际结果检验决策，并亲自到一线检查。

对于组织的重大战略决策，需要注意以下三个方面的问题。

第一，数据和信息不等于事实。德鲁克让大家警惕收集到的数据，不要迷信数据，因为收集的数据都是对已发生的事情的记录。有些公司是靠架构运营，依据惯例谁做CEO都可以运行，并在正确的方向上前进。实验和数据堆积出来的是一个确定性下的假设，依照已经发生的事情来预测和解读。而在实际运营中，决策者面对未知的情况，数据不能完全解读未来，因为没有输入未来数据的可能。美国通用电气因过度依赖历史数据决策，2021年因为经营出现了问题而一分为三。依据以往的数据而长期持有其股票的个人投资者和机构投资者都损失惨重。企业家的感知力形成的观点（Opinion）需要有足够的重视，企业家的感知力是德鲁克提出的社会生态学家的重要内容。

第二，需要征求不同意见。每一项决策都有风险，因为它是把现在的资源投入充满不确定性的、未知的将来。决策是管理学的一个的重要领域，管理者与非管理者的区别在于做决策。管理者必须具备做决策的能力，这是关系公司成败至关重要的因素。决策是一种判断，是对管理者判断力的一种挑战，决策往往是先从管理者本人的见解开始的。决策有定义清晰的构成要素、流程和步骤。德鲁克认为：恪守决策的流程，并且采取所有必要的步骤，就能使风险最小化，决策就大有希望获得成功。决策过程其实是一种逆向思维，让最聪明的人提出反对意见。在反对意见和陈述中，决策者会有新的洞见。比如，人在渴望成功时，逆向思维会先思考有哪些不确定因素可能导致失败。决策需要反馈和修正，有意识地理性规避风险就离成功不远了。

第三，不做没有必要的决策。德鲁克有效决策系统的一个特点是让每一个知识工作者都能通过自我管理，变成有选择自由和有责任担当的自由人，在工作中发挥自己的知识专长。企业家的见解和团队的共识有助于化解风险、提高决策确定性，因此企业家及其决策团队理应分享风险决策产生的利润。企业家自己必须是创新知识工作者，只有通过长期学习和实践，才能更好地带领管理决策团队。而自由表达并尊重不同见解的理念，应该逐渐成为企业的开放和透明的企业文化。

三、如何建立有效的企业决策文化

总体来说， 德鲁克的有效决策体系针对并反对的是自上而下（Top-Down）的命令与控制（Command-and-Control）管理决策模式。德鲁克的有效决策系统，能否解决中国企业家的问题呢？

通过查阅美国克莱蒙特尚未公开出版的德鲁克档案可以看到，德鲁克为不同企业提供过管理咨询，其重要内容是以内部问题和外部机会为导向，教练引领企业家逐步形成有效决策的能力。1993 年《中华人民共和国公司法》颁布后，中国企业逐渐增多。目前很多中国公司还处于主要依靠创始人运营的阶段， 受聘的职业经理人逐渐增多，但是尚未进入大规模职业经理人阶段。美国在 20 世纪 40 年代，大型企业已经开始形成职业经理人文化，以福特汽车与通用汽车为例：福特是家族式的传承管理，而通用从斯隆开始便建立了职业经理人制度。

在管理顾问实践中发现，企业家面对重大决策时最常采用的方式是“拍脑门式拍板”，完全忽视决策的风险和过程。1964 年，德鲁克在《为成果而管理中》指出，如果不知关键决策内容而随意拍板，那么错误的答案是不可避免的。管理咨询中发现的另外一个现象是，企业家希望做“甩手掌柜”，交出了自己的决策权。德鲁克指出，企业家及高管团队必须系统性地制定关键决策，不能将决策权委托出去或推卸给他人。

在管理顾问实践中发现，中国企业家长时期陷在大事小情的决策焦虑中。企业家希望从持续的决策焦虑中逐渐解放出来，但声称自己身边缺乏可以共同决策的人才。对公司不同层级的管理者和员工单独询问后发现：①有的企业不缺乏有见解的高管，他们也表达过自己观点，但是企业家经常否定高管的观点，也不提供参与决策的机会。企业家既不听也不尊重高管的观点，因此高管就不再表明自己的见解与观点。②有的企业的高管接触不到一些关系企业和行业发展的核心信息及最新咨询材料。③有的企业的高管的确没有自己的思想和见解，不具备参与决策的能力。企业家不让高管参与决策，反而助长了无观点和无见解的高管在公司的长期存在。德鲁克认为，企业家（即独立经营企业的个人）都有个人盲区，不能总是靠自己的力量为自己的利益制定决策。决策和人的自治（即自由人，Autonomy Beings）发生了关联，企业家要让中层经理人和员工积极参与决策，需要他们在决策中提供一线观察及见解。

企业家对德鲁克决策步骤的纠结

中国企业家在决策中总是纠结于德鲁克提出的步骤和主

要因素的考量，生怕漏掉一个环节。

爱玛客中国区总裁王永治曾经在服务大师公司（Service Master）工作了 6 年， 2004 年 7 月爱玛客收购了 Service Master 后，他继续在爱玛客中国工作 17 年，目前管理着 4 万名向不同企业提供后勤服务的员工。 在有效决策专访中，王永治举例说，爱玛客的财年是 9 月 30 日结束，每一位副总裁，需要问自己三个核心问题，回顾自己部门的绩效：

第一个问题：过去一年有哪些工作、决策及举措是有效的，产生了怎样的效果？

第二个问题： 我的改进机会有哪些？并列举具体事例。

第三个问题：我还能发挥哪些长处做出更多贡献？哪些方面没有发挥出来，同时我需要他人提供什么支持？

每位副总裁的回顾不超过三页纸。爱玛客中国的方法遵循德鲁克帮助管理者逐步提升自我决策能力的理念。每个企业的决策者要抓住主要的实质问题，不必拘泥于步骤，而是针对企业特定的任务和情况，组成个性化的决策系统，以此调动组织资源并采取有效行动。

德鲁克认为，决策不是机械性工作（Mechanical Job），而是需要承受风险并面临判断力的挑战（通常无论如何都找不到正确答案）。德鲁克研究院的主任 Zach 谈到了决策要素的关联性，他认为，无论决策者从哪一步着手，最后都需要放到整体的决策系统中进行回测，决策各个要素之间是器官之间的联系，如同心脏和肺的联系。

企业家若要掌握有效决策力，需要深入学习和领会德鲁克创建的现代管理学科，特别是需要了解德鲁克在 1999 年归纳的自我贡献，即德鲁克现代管理原理：现代管理的研究对象聚焦于人与权力（People and Power）以及价值观—治理结构—规范规则 (Values–Structure–Constitution) 的协调体系。

德鲁克战略决策的相关阅读推荐：

《管理的实践》

《长期规划》

《企业的目的与生存需求》

《为成果而管理：经济任务与风险决策》

《有效的决策》

《德鲁克论管理》

《卓有成效的管理者》

《管理：任务、责任、实践》

《德鲁克管理思想精要》

《卓有成效的管理者与实践》

（注：刘敬辉是加州创新管理学院管理咨询顾问，美国加州州立大学人文学院终身教授，德鲁克档案文献研究者、投资人，即将出版的作品有《德鲁克现代管理原理》）

小县大城

——从县域角度看中国经济

■ 作者 | 周立

当今的中国面临所谓“对等关税”、技术脱钩等现实压力，如何在扩大内需中寻找破局点？《小县大城》试图给出解决方案。在城乡转型的集体焦虑中，县域经济既能成为安顿身心的新场域，也可作为应对外部挑战的战略支点。当全球化遭遇逆流，“小县大城”战略或可成为启动国内大循环的一个引擎，在构建新发展格局的过程中发挥独特作用。

历史纵深里的小县大城

《小县大城》一书的写作，缘起《文化纵横》杂志的约稿，后来得到中信出版集团的支持，由我和罗建章博士共同写就。

在二十多年对县域及乡村的实地考察中，我们最近几年发现了“小县大城”。以福建泉州德化县为例，德化县城镇化率 78%，森林覆盖率 78.8%。大城关、大绿色。外部是绿水青山，内部却有类似大城市的繁华。两个 78%，让我们意识到，县域的发展形态并非“城进乡衰”的固定模式，“小县”未必就是“小城”。德化案例表明，县域发展不必拘泥于单一模式，不同资源禀赋与产业基础，可以孕育出多样化的城镇形态。这种“小县大城”的特殊样本，为新型城镇化提供了新的研究视角。

中国数千年的农耕历史，一直有着乡土性的显著特征，延续至近现代。要知道，1949 年时，我国城镇化率仅为 10%；1978 年改革开放初期仍不足 20%；即便到 2000 年，我国城镇化率也仅为 35%，多半人口仍居住在县域范围内。据此，费孝通先生在《乡土中国》中深刻指出，从基层上看去，中国社会是乡土性的。这种乡土社会具备三个显著特征：

1. 绝大多数。人口绝大多数聚居于农村。

2. 土地黏着。农业生产是最主要的生计来源，而土地是农民赖以生存的根基。

3. 终老是乡。乡村作为熟人社会，农民一生的生活圈子，往往局限于方圆十几二十公里范围内，县城通常是他们一生之久所能去到的最远地方。

因此，费孝通先生提出“乡土中国”理论，并在其博士论文改写的著作《江村经济》中，以苏南开弦弓村等经典案例，揭示了20世纪及之前中国社会的核心特征。

但是，进入21世纪以来，乡土中国不再，城乡中国已来。观察当代城乡发展，一幅“小县大城”的新图景，也逐渐显现。很多县乡村，人口规模虽然较小，却呈现出高度城镇化的特征。“城市中国”与“乡村中国”并存，使得“大国大城”并非常态，“城乡中国”却是必然。中国在21世纪的发展路径，并非简单地从“乡土中国”跃入“城市中国”，而是呈现“城乡中国”的面貌，城乡两种社会形态将长期共生共存。

城乡中国发展格局中，县域始终扮演着关键角色。对农民而言，县城不仅是挣脱乡土、走出乡村的第一站，也是回归乡土、返乡生活的第一落脚点。我们在多地农村调研，发现年轻人想要结婚，除了“三斤三两”“六斤六两”的彩礼钱，还普遍要求“一动不动”，这“不动”就是不动产，通常要求在县城购置房产。这意味着县城是农村年轻人，甚至全家三代人掏空荷包、做出重要选择的最终依归。县城既是青年进城的第一站，也是中转站，甚至可能成为整个家庭做出投资抉择的地方，让老年人群度过此生的最后一站。

除了“第一站”，县城还是统筹城乡的“腰杆子”，宏观战略的“牛鼻子”。统筹城乡发展的关键抓手，在于发挥县城城乡连续体“腰杆子”的作用，壮大县域经济。作为国家发展的核心引擎，只有县域经济强起来，才能真正实现城乡贯通，城乡统筹发展的腰杆子才能挺直。在扩权强县与乡村振兴战略背景下，在外循环不畅，需要内循环扩大内需的情况下，县域经济发展又成为“牛鼻子”，从宏观层面看，推动县域发展，是破解城乡二元结构、实现区域协调发展的“牛鼻子”。

经济地理中的小县大城

我们在德化县成立了乡村振兴研究院，有机会零距离观察“小县大城”发展模式。研究院周边的风景，堪称当代中国城乡融合的缩影：高速公路穿行于青山翠谷间，现代城市与美丽乡村浑然一体，既展现了中国城乡间的良性互动，也描绘了现代化实现以后可能的城乡共生图景。研究院所在的国宝乡，还保存着一些唐宋建筑风格的宗祠建筑群，说明传统文化在现代化进程中依然可以有强大生命力。

（一）“小县大城”图谱

从历史角度看，中国城镇化进程中有四种典型的“小县大城”版本。

版本 1.0 是“闯出来”的小县大城。在城镇化初期，引导产业和农村人口向县域集中，福建德化县便是一个典型案例。

版本 2.0 是“引过来”的小县大城。在城镇化中期，通过招商引资重新在县域布局产业，从而推动小县大城的发展。浙江云和县是典型案例。

版本 3.0 是“搬出来”的小县大城。在脱贫攻坚战略实施过程中，有 960 万人从“一方水土养不了一方人”的地区搬出来，集中迁至县城、乡镇或周边乡村，形成了集中安置的小县大城。“三区三州”中的四川美姑县，是典型案例。

版本 4.0 是“流回来”的小县大城。现在人口流动不再单向涌向大城市，部分人口开始回流至县域。吴重庆在《超越空心化》中提及“隙地”“狭地”“边地”就是如此。河南信阳的光山县是典型案例。

（二）县域的四种样态

小县大城的定义涉及多个维度，包括面积、人口、经济和产值等。我们主要从县域面积平均值的绝对值，与城市建成区占县域面积比重的相对值两个维度，将县域分为四种样态：大县大城、大县小城、小县大城、小县小城。

从绝对面积看，县域平均面积约 3000 平方公里，超过的，我们称之为“大县”，反之则称为“小县”。如新疆若羌县的面积有 20.23 万平方千米，其面积相当于江苏、浙江和上海两省加一个直辖市的总和。这类“大县”数量较少，却能显著拉高全国县域面积的平均面积值，故此“小县”占大多数。

从相对面积看，建成区面积占比超过全国平均水平的，为“大城”，反之为“小城”。

由此，我们可以将各个县划分为四种类型。“大县大城”，多数百强县属于这种类型；“大县小城”，在中西部地区较为常见；“小县小城”，大多集中在东南沿海丘陵地带。“小县大城”，是我们集中关注和讨论的对象。

（三）“小县大城”的三层含义

从狭义角度看，即人口城镇化率视角看，县域人口高度集中在城关镇，形成人口城镇化率和乡村空心化率高并存的“小县城、大城关”局面。

从广义角度看，在小县城中，城镇、人口、产业、环境四个因素能如四轮车般协调转动，推动县域可持续发展。这样的县域未来必将拥有巨大的发展空间。我们概括为“小县城、大发展”。

从更广泛含义看，是在中国城乡工农关系乃至国际格局中找到县域的定位，即“小县城，大中国”。全国已有广东、浙江等十余省份推行“小县大城”战略，一些县域层面也有相应举措。各位如果在网上搜索自己所在省（自治区、直辖市），加上“小县大城”关键词，就能发现这一战略在全国范围的实践情况。据我查证，至少有十几个省（自治区、直辖市）提出过类似战略，当前的城乡融合发展也体现了这一趋势。

面向未来的小县大城

（一）政策驱动：一只看得见的手

我们在《小县大城》一书中深入思考了政治与经济的相互影响，以及在当前国内外复杂环境下，如何把小县大城策略作为提振内需的手段。北大的周黎安老师，曾开创性地研究“行政发包制”和“晋升锦标赛”，这两者主要以单一 GDP 为衡量标准来评估地方政府的成绩。

近些年我们观察到，这一机制正在发生变化。如今，“竞争达标赛”已逐渐取代“晋升锦标赛”，普遍采用多元目标，以替代单一经济发展目标，这成为考核地方官员的新标准。在这一背景下，过去 40 多年实施的“撤县设市”“撤县设区”政策已逐渐刹车。这导致小县城的发展前景变得模糊，失去了方向感。

（二）市场主导：看不见的手

市场环境也在不断变化。市场不断从农村抽取劳动力、土地、资金、技术、企业家才能等生产要素，使这些要素流向沿海地区。这种趋势使县域经济发展面临严峻挑战。

我曾在《重庆日报》乡村振兴大讲堂就此话题发表演讲。当我问现场参加者，有多少人出生于县城或县域时，现场举手的观众超过了 90%。这意味着这些年轻人的童年记忆，大多与县域和县城相关，这将通过“一方水土养一方人”的机制，对他们的身心和社会行为，产生持久而深远的影响。如今县域“返乡潮”与“落叶归根”现象，已初现端倪。“小县大城”，也将出现县域人口的虹吸效应，走出“低质量—低品牌—低价格”的“三低循环”，也需要人口向县域的流动。青年群体的价值取向与居住空间选择，或将重塑未来城乡人口流动格局。

我与罗建章博士曾共同撰文探讨区域公用品牌如何促成“三

低循环”向“三高循环”转变。长期以来的“三低循环”策略，为中国带来了发展优势，在各类产品的成本与价格方面，中国已独步武林，其他国家难以匹敌。但“三低循环”带来全球范围的内卷，遭到抵制。实际上，中国的产品质量普遍处于中上水平，达到了许多发展中国家无法企及的地步，不能再走遭人恨的低价道路，应当走向“高质量—高品牌—高价格”的“三高循环”。

前段时间我在英国剑桥大学做访问学者，听到一种对中国人很刺耳的说法：中国人吃草也能活三年。言外之意耐人寻味。若以此展示中国的韧性，那我们还是怎么发展？中国式现代化还怎么实现？你总不能设想一个城市人“吃肉”农村人“吃草”的中国式现代化吧？我们不能接受一个只有城市实现现代化，而农村仍然落后，城乡二元分割、高度异质的“现代化”国家。真正的现代化，还应该是城乡均衡发展。

（三）社会支撑：挥舞两只手的身体

除了“有为政府”的“看得见的手”，和“有效市场”的“看不见的手”，还需要“有力社会”的强壮身体，在政府积极作为和市场高效运作的基础上，重视社会支撑作用。当前中国社会正面临重大变化，特别是老龄化和独子化这两只“灰犀牛”，正飞奔而来，势大力沉。进一步看，医疗、教育、养老这“三座大山”与老龄化、独子化这两只“灰犀牛”交织在一起，给中国发展带来了巨大的内部压力。

新中国成立以来，我们经历了至少三次婴儿潮。其中，1962 年至 1976 年的第二波婴儿潮尤为引人关注，每年新增人口高达两千多万。如今，这一代人每年以两千人上下的速度步入老年，他们正从生产者转变为消费者。按现行退休制度测算，未来十多年中国将迎来每年 2000 万人的老龄化峰值，相当于每年新增一个澳大利亚人口规模的老年群体。我们必须正视这一挑战。老年人口目前已超过 3 亿，2035 年将增至 4 亿，2050 年直逼 5 亿。

可是，自 20 世纪 80 年代起，中国实施了严格的计划生育政策，导致社会养老观念发生深刻转变。过去，人们依赖子女养老，如今却更多地需要依靠自己。同时，“啃老”现象逐渐演变为更为严重的“磨老”“嘬老”，“啃老”不忍心，“嘬老”却很香。年轻人调侃自己做不到完全“啃老”，那太疼了，就是偶尔找爹妈“嘬”一口。这使老年人在经济和精神上承受双重压力。我们特别关注到，第三波“婴儿潮”带来的人口高峰，是第一波“婴儿潮”及独子化的结果。“养儿不能防老”“养儿却会嘬老”，这将在未来 20 年内，两只“灰犀牛”冲击社会，“未富先老”“未备先老”，如何应对老龄化与少子化这两个不可逆转的趋势挑战？

面对挑战，我们必须思考如何让“60 后”“70 后”顺利养老？如何利用他们的积累，为他们打造安心的晚年生活？这是我们当前需重点关注的问题。

随着“60 后”“70 后”人群开始进入老年，县域逐渐成了一个热门选择。他们中的绝大多数来自县域，也可以回归县域。在许多地方，已经出现了城乡两栖的居住模式，即在城里和乡下各拥有一套房，或至少在乡下有临时住所。由于县城的教育、医疗、养老服务完整，公共设施和服务更为完善，因此备受青睐。面对人口和生育率的持续下滑，我们应更加重视悄然涌现的归乡潮流，让更多人能落叶归根。

随着我国第一代农民工群体进入退休返乡阶段，叠加城市退休人员“落叶归根”的传统文化驱动，县域经济正迎来前所未有的发展机遇。政策上的大力支持为这部分人提供了更多选择。这部分人群，无论是农民工还是退休者，都拥有一定的消费能力和消费视野。这将有力地推动乡村养老、养生产业以及休闲、居住等相关产业的蓬勃发展。

在当前国内外环境日趋复杂、发达国家已完成现代化转型而我们仍在努力追赶的背景下，重新审视并重视县域发展，尤其重视在养老层面上的布局，显得尤为重要。

（四）城乡关系中的“第三空间”

在城镇化进程中，我们期待县域借助“小县大城”策略能再创经济佳绩，并推动城乡之间的和谐交流，从而调整城乡经济关系。

我已经送走了老父老母。我的老父亲在世时，曾提到养老的五大底牌：一是老伴，即老夫老妻一起老去，少年夫妻老来伴，老伴第一重要；二是老窝，即拥有自己的住所，金窝银窝不如自己的狗窝；三是老本，身体很重要，决定能否享受晚年人生；四是老底，有一定的经济储备，不要指望儿女；五是老友，特别是与童年伙伴的联系，人都不是孤岛，都是社会性的，需要老友往来。乡村环境恰好能满足这些需求，甚至为养老市场带来新机遇。小县域也因此成为城乡关系中的“第三空间”，期待这一愿景早日实现。

“郡县治，天下安。”县域治理的传统智慧，已流传千年。我们期盼着“小县城，大城关”“小县城，大发展”“小县城，大中国”的美好图景早日成为现实，愿中国城镇化“挣脱乡土”的上半程与“回归乡土”的下半程可以有效衔接，让县城发展能助推中国式现代化的全面实现。

注：本文为《小县大城》作者周立在北大国发院的主题演讲，原文刊发于“北大国发院”微信公众号。